新时期交通土建类高职高专规划教材

公路工程定额编制与运用

周庆华　主编

人民交通出版社股份有限公司
China Communications Press Co.,Ltd.

内 容 提 要

本书为新时期交通土建类高职高专规划教材。本书以交通运输部颁布的现行规范为依据，主要介绍公路工程定额的编制方法、管理体系与应用方法。

全书共分为7个项目：公路工程定额体系基本知识，工作时间消耗的研究，施工定额的编制与运用，预算定额的编制与运用，概算定额的编制与运用，估算指标的编制与运用，机械台班费用定额的编制与运用。

本书可作为高职高专工程造价（公路工程造价）、道路桥梁工程技术、公路养护与管理等专业的教学用书，也可供从事公路工程造价、工程设计、施工管理、监理等的工程技术人员参考。

图书在版编目(CIP)数据

公路工程定额编制与运用／周庆华主编． —北京：人民交通出版社股份有限公司，2019.7
新时期交通土建类高职高专规划教材
ISBN 978-7-114-15618-2

Ⅰ．①公… Ⅱ．①周… Ⅲ．①道路工程—建筑经济定额—高等职业教育—教材②道路工程—预算编制—高等职业教育—教材③道路工程—概算编制—高等职业教育—教材 Ⅳ．①U415.13

中国版本图书馆 CIP 数据核字(2019)第 122882 号

新时期交通土建类高职高专规划教材

书　　　名：	公路工程定额编制与运用
著　作　者：	周庆华
责任编辑：	任雪莲　张　淼
责任校对：	张　贺
责任印制：	张　凯
出版发行：	人民交通出版社股份有限公司
地　　　址：	(100011)北京市朝阳区安定门外外馆斜街3号
网　　　址：	http://www.ccpress.com.cn
销售电话：	(010)59757973
总　经　销：	人民交通出版社股份有限公司发行部
经　　　销：	各地新华书店
印　　　刷：	北京印匠彩色印刷有限公司
开　　　本：	787×1092　1/16
印　　　张：	10.5
字　　　数：	265千
版　　　次：	2019年7月　第1版
印　　　次：	2019年7月　第1次印刷
书　　　号：	ISBN 978-7-114-15618-2
定　　　价：	32.00元

(有印刷、装订质量问题的图书由本公司负责调换)

新时期交通土建类高职高专规划教材
编审委员会

主　　　任：杨云峰

副　主　任：王天哲　薛安顺

委　　　员：张　鹏　魏　锋　王愉龙　田建辉
　　　　　　邹艳琴　焦　莉　殷青英　周庆华
　　　　　　王少宏　王学礼　张　建　米国兴
　　　　　　尚同羊　石雄伟　李芳霞　赵仙茹
　　　　　　赵国刚　李彩霞　赵亚兰　柴彩萍
　　　　　　王亚利　李青芳　黄　娟　李　艳
　　　　　　张军艳　李婷婷　张丽萍　王万平
　　　　　　张松雷　李晶晶

序
―――― PREFACE ――――

建设教育强国是中华民族伟大复兴的基础工程。交通运输是国民经济基础性、先导性、战略性产业。交通高等职业教育鼎力支持交通运输事业,弘扬劳模精神和工匠精神,营造"劳动光荣、技能宝贵、创造伟大"的社会风尚和精益求精的敬业风气,建设知识型、技能型、创新型劳动者大军,培养德智体美全面发展的社会主义建设者和接班人。

习近平总书记明确指出,"十三五"是交通运输基础设施发展、服务水平提高和转型发展的黄金时期,要抓住这一时期,加快发展,不辱使命,为实现中华民族伟大复兴的中国梦发挥更大的作用。当前,在我国经济发展进入新常态后,交通运输作为国民经济重要的基础性、先导性、服务性行业的基础地位没有改变,在经济社会发展中先行官的职责和使命没有改变,在稳增长、促投资、促消费中重要作用没有改变,由基本适应向适度超前发展的阶段性特征和态势没有改变。我国正由"交通大国"向"交通强国"迈进。交通高等职业教育肩负着交通运输人才培养、科学研究、社会服务、文化传承创新的神圣使命,在实现"两个一百年"奋斗目标的伟大进程中必须有担当、有作为。

陕西交通职业技术学院是国家优质高职院校立项建设单位、陕西省优秀示范性高职院校,被誉为中国西部"交通建设管理人才的摇篮"。学校以全国交通运输示范专业——道路桥梁工程技术专业为核心,构建公路工程专业集群,弘扬"吃苦实干,爱岗敬业,默默奉献,图强创新"的"铺路石"精神,秉持"立足交通,服务交通,引领交通"的发展理念,坚持"校企合作实践育人,提升能力内涵发展"的建设思想,锻造"公在心中,路在脚下,铁肩担当,道存目击"的精神文化,开展"大专业小方向"的专业改革,实施"岗位导向,学训交替,能力递进,分组顶岗"的人才培养模式,紧密对接交通运输行业转型升级,紧紧围绕交通基础设施建设与管理的产业需求,培养热爱交通、扎根基层、吃苦实干的公路交通技术技能人才。

近年来,陕西交通职业技术学院不忘初心、拼搏奋斗,深化教育教学改革,优化专业体系结构,加强师资队伍建设,完善质量保证体系,始终致力于提升内涵建设品质,提高人才培养质量,增强社会服务能力。公路工程专业集群以道路桥梁工程技术专业为引领,先后获得国家级教学团队、全国职业院校交通运输类示范专业、高等职业教育创新发展行动计划骨干专业、陕西高职院校"一流专业"、陕西省重点专业、陕西省示范院校建设重点专业、陕西高职院校综合改革试点专业等重大荣誉和政策支持。"十三五"是交通运输基础设施加速成网的黄金时期,也是我国交通运输基础设施集中建设、扩大规模的重要时期,更是交通运输优化结构、提升服务水平的关键时期。在这样的背景下,陕西交通职业技术学院成立"新时期交通土建类高职高专规划教材"编审委员会,以长期教育教学改革实践为基础,系统总结教学内涵建设经验,编写系列教材,期望以此形式固化、展示、应用、分享改革建设的成果,培养符合新时期交通运输发展需求的高质量技术技能人才。

"新时期交通土建类高职高专规划教材"以提高人才培养质量为根本目标,贯彻高等职业教育教学改革发展新理念,对接交通运输行业最新颁布标准、规范、规程,努力从内容到形式上都有所创新。教材丛书依据专业集群的核心课程而规划,体现产教融合特色。教材突出工匠精神、职业道德、职业技能和就业创业能力教育的完美融合,注重学生全面培养。教材功能基于服务课程教学的基本载体和直观媒介而定位,凸显学生主体地位;教材内容按照职业岗位知识和能力需求而取舍,突出实践能力培养;教学方法遵循高职学生学习特点和认知规律而设计,强调理实一体教学。我们期待这套教材能在新时期交通土建类高职人才培养中起到积极的作用。

向支持交通高职教育教材建设的人民交通出版社表示衷心感谢。向关心、支持、帮助教材编审的合作企业、专家学者、校友致以崇高敬意和诚挚谢意。

新时期交通土建类高职高专
规划教材编审委员会主任
2017 年 12 月

前　言
FOREWORD

　　随着我国对交通基础设施投资力度的加大,公路建设迅猛发展。为了提高公路建设投资效益,严格控制成本,需要在工程建设的各个阶段合理地确定工程造价。作为工程造价领域的核心,工程定额的编制、管理和运用是造价编制、工程招投标、工程费用结算、工程监理、经济分析、项目管理等工作所需的基本理论和技能。

　　本书在阐述定额基本概念的基础上,分别介绍了公路工程施工定额、预算定额、概算定额、估算指标、机械台班费用定额等一系列工程定额的编制方法、管理体系和运用技能等方面的知识。学生通过学习该教材,可以更全面、更系统地掌握定额的产生、分类、应用、调整的整个过程。同时,本书针对高职高专学生就业岗位多集中在施工一线的状况,有针对性地重点介绍了施工定额的编制方法和预算定额的应用方法,学生学习后可以在工程投标、工程结算、合同管理等工作中更加快速地适应工作岗位的需求,充分体现了以人为本、注重知识实用性的现代教育理念。

　　本书在编写过程中,本着实用、简明扼要、坚持理论与实践相结合的原则,并注重增加新知识、强化能力培养、突出实际应用。

　　本书具体编写分工如下:陕西交通职业技术学院周庆华编写项目一、项目二、项目三、项目四的任务一和任务三、项目五的任务三、项目六的任务三、项目七,陕西交通职业技术学院焦莉编写项目四的任务二、项目五的任务一和任务二、项目六的任务一和任务二。全书由周庆华统稿并担任主编。

　　本书在编写过程中参考了有关著作与教材,在此向相关作者表示感谢。由于编者水平有限,书中的疏漏或不足在所难免,恳请读者批评指正。

编　者

2019 年 2 月

目 录
CONTENTS

项目一　公路工程定额体系基本知识 ·· 1
　任务一　认识公路工程基本建设内容和计价体系 ·································· 1
　任务二　认识定额 ··· 8
　任务三　定额的分类 ··· 12
　任务四　定额的管理 ··· 19
　能力训练 ··· 25

项目二　工作时间消耗的研究 ·· 27
　任务一　认识施工过程 ··· 27
　任务二　工作时间的研究 ··· 30
　能力训练 ··· 50

项目三　施工定额的编制与运用 ·· 51
　任务一　认识施工定额 ··· 51
　任务二　劳动定额的编制 ··· 57
　任务三　材料消耗定额的编制 ··· 66
　任务四　机械台班定额的编制 ··· 72
　任务五　施工定额的组成和应用 ··· 80
　能力训练 ··· 85

项目四　预算定额的编制与运用 ·· 87
　任务一　认识预算定额 ··· 87
　任务二　预算定额的编制 ··· 92
　任务三　预算定额的运用 ··· 100
　能力训练 ··· 117

项目五　概算定额的编制与运用 ·· 120
　任务一　认识概算定额 ··· 120
　任务二　概算定额的编制 ··· 122
　任务三　概算定额的组成与应用 ··· 127
　能力训练 ··· 132

项目六　估算指标的编制与运用 ·· 133
　任务一　认识估算指标 ··· 133
　任务二　估算指标的编制 ··· 135
　任务三　估算指标的组成与应用 ··· 141

能力训练……………………………………………………………………………145
项目七　机械台班费用定额的编制与运用……………………………………146
　　任务一　认识机械台班费用定额…………………………………………146
　　任务二　机械台班费用定额的编制………………………………………147
　　任务三　机械台班费用定额组成及应用…………………………………151
　　能力训练……………………………………………………………………154
参考文献………………………………………………………………………155

项目一　公路工程定额体系基本知识

> 【概述】　在计算工程造价的众多依据中，工程定额是工程计价的核心依据。本项目将重点介绍公路工程基本建设内容和计价体系，工程定额的含义、发展历史以及特性，公路工程定额的分类体系与管理体系。

任务一　认识公路工程基本建设内容和计价体系

(1) 了解公路工程基本建设的定义；
(2) 掌握公路工程基本建设的组成；
(3) 熟悉公路工程基本建设的程序；
(4) 熟悉公路工程计价体系的组成。

准确认识公路工程基本建设程序和计价体系组成是本课程学习的基础。本任务要求学生了解公路工程基本建设的定义、内容，掌握公路工程基本建设项目的组成，熟悉公路工程基本建设的程序以及公路工程计价体系的组成。

一、公路工程基本建设程序

(一) 公路工程基本建设的定义

基本建设是指固定资产的建筑、添置和安装，是国民经济各部门为了扩大再生产而进行的增加固定资产的建设工作。具体来讲，即把一定的建筑材料、半成品、设备等，通过购置、建造和安装等活动，转化为固定资产的活动，如一条公路、一座桥梁的建设。

公路工程基本建设是通过勘察、设计、施工以及有关的经济活动来实现的。按项目性质分为新建、改建、扩建和重建，其中新建和改建是主要的形式；按经济内容可分为生产性建设和非生产性建设；按项目建设总规模和总投资可分为大型、中型和小型项目。

(二) 公路工程基本建设内容

公路工程基本建设内容按其投资构成和工作性质主要有以下三个部分：

1. 建筑安装工程

建筑安装工程是指兴工动料的施工活动,包括建筑工程和设备安装工程。公路建筑工程主要指路基、路面、桥涵、隧道、交叉工程及其他工程等。设备安装工程则是指高速公路、大型桥梁所需各机械、设备、仪器的安装及测试等工作。

2. 设备、工具、器具的购置

设备、工具、器具的购置是指公路营运、服务、管理、养护所需设备、工具、器具的购置,以及新建、改建公路初期正常生产、使用、管理所需办公和生活用家具的采购或自制。

3. 其他基本建设

其他基本建设是指不属于上述各项,但又不可或缺的基本建设工作,如勘察、设计及与之有关的调查和技术研究工作,公路筹建阶段和建设阶段的管理工作,征用土地、青苗补偿和安置补助工作,施工机构迁移工作等。

(三)公路工程基本建设项目组成

公路工程基本建设项目按其工作内涵大小可依次分为基本建设项目、单项工程、单位工程、分部工程和分项工程。这些组成单位按照由大到小的次序,形成一个完整而规律的体系。

1. 基本建设项目

基本建设项目又称建设项目,是指按照一个总体设计或初步设计进行施工的基本建设工程。一个基本建设项目按一个项目编制项目建议书和可行性研究报告,实行统一核算、统一管理,建成后具有完整的系统,可以独立发挥生产能力或者满足生活需要。如一座工厂、一所学校、一条公路、一条铁路、一个港口的建设,都是一个建设项目。一个建设项目可以分期进行修建。

2. 单项工程

单项工程又称为工程项目,它是建设项目的组成部分,是指具有独立的设计文件,可以独立组织施工,竣工后能独立发挥设计规定的生产能力或效益的工程。如一座工厂的生产车间、办公楼;一所学校的教学楼、图书馆。公路建设单项工程一般指一个建设项目中分期修建的路段、独立大桥、独立隧道、公路工程等。但一条路线中的桥梁或隧道,在整个路线未修通前,并不能发挥交通功能,也就不能作为一个单项工程。

3. 单位工程

单位工程是单项工程的组成部分,一般是指不能独立发挥生产能力或效益的,但具有独立施工条件的工程。如某生产车间的厂房修建、设备安装、给排水工程等;独立隧道工程中土建工程、照明、通风工程等;又如一条公路的路线、桥涵工程等。

4. 分部工程

分部工程是单位工程的组成部分,一般是按单位工程中的主要结构、部位来划分的。如路线工程中按工程部位可划分为路基工程、路面工程、桥涵工程等;按工程结构和施工工艺可划分为土石方工程、混凝土工程、砌筑工程等。又如桥梁工程中的挖基工程、砌筑工程、混凝土及钢筋混凝土工程等。

5. 分项工程

分项工程是分部工程的组成部分,是按照工程的不同结构、不同材料和不同施工方法等因素划分的,它是预算定额的基本计量单位,也称为工程细目或工程定额子目。如路面工程可分为级配砾石路面、沥青混凝土路面等;基础工程可划分为围堰、挖基、砌筑基础和回填等分项工程。

(四)公路工程基本建设程序

工程建设程序是指建设项目从构想、选择、评估、决策、设计、施工到竣工验收、投入生产等整个建设过程中,各项工作必须遵循的先后次序。按照建设项目发展的内在联系和发展过程,建设程序可分为若干阶段,这些发展阶段有严格的先后次序,不能随意颠倒。

公路工程基本建设程序为:

1. 提出项目建议书

根据国民经济发展的长远规划和公路网建设规划,提出项目建议书。项目建议书既是进行各项前期准备工作的依据,又是可行性研究的基础。它应对拟建项目的目的、要求、主要技术指标、原材料、投资估算及资金来源等进行文字说明。

2. 可行性研究

公路建设项目可行性研究在对拟建工程所在地区社会、经济发展和公路网状况进行充分调查研究、评价、预测和进行必要的勘察工作的基础上,对项目建议的必要性、经济合理性、技术可行性、实施可能性,提出综合性研究论证报告。

可行性研究按工作内容和深度分为预可行性研究和工程可行性研究两个阶段。预可行性研究应重点阐明建设项目的必要性,通过踏勘和调查研究,提出建设项目的规模、技术标准,进行简要的经济效益分析。工程可行性研究应通过必要的测量、地质勘探(大桥、隧道及不良地质地段等),在认真调查研究,获取必要资料的基础上,对不同建设方案在经济上、技术上进行综合论证,提出推荐建设方案,工程可行性研究报告经审批后作为初步设计的依据。工程可行性研究的投资估算与初步设计概算总额之差应该控制在10%以内。

3. 设计工作阶段

公路工程基本建设一般采用两阶段设计,即初步设计和施工图设计。对于技术简单、方案明确的小型建设项目,可采用一阶段设计,即施工图设计;对技术复杂而又缺乏经验的建设项目或建设中个别路段、特殊大桥、互通式立体交叉、隧道等,必要时采用三阶段设计,即初步设计、技术设计和施工图设计。

1) 初步设计

初步设计应根据批准的可行性研究的要求和初测资料,拟订修建原则,选定设计方案,计算主要工程数量,提出施工方案意见,编制设计概算,提供文字说明和图表资料。初步设计文件经审查批准后,是国家控制建设项目投资及编制施工图设计文件或技术设计文件的依据,并且是订购或准备主要材料、机具设备,安排重大科研项目,筹划征用土地及控制项目投资的依据。

2) 技术设计

技术设计应根据已批准的初步设计和补充初测,对重大、复杂的技术问题通过科学实验、专题研究,加深勘探调查及分析比较,解决初步设计中未能解决的问题,进一步落实各项技术方案,计算工程数量,提出修正的施工方案,编制修正设计概算。批准后的技术设计文件将作为施工图设计的依据。

3)施工图设计

一阶段施工图设计应根据批准的可行性研究和定测资料,拟定修建原则,确定设计方案和工程数量,提出文字说明和图表资料及施工组织计划,编制施工图预算,满足审批的要求并能适应施工的需要。

两阶段(或三阶段)施工图设计应根据批准的初步设计(或技术设计)和定测(或补充初测)资料,进一步对所审定的修建原则、设计方案、技术决定加以具体和深化,最终确定工程数量,提出文字说明和适应施工需要的图表资料以及施工组织计划,编制施工图预算。

设计文件必须由具有相应资质的公路勘察设计单位编制,其编制和审批应按交通运输部现行《公路工程基本建设管理办法》办理。

4. 列入年度基本建设计划

当建设项目的初步设计和概算经上报批准后,才能列入国家年度基本建设计划。建设单位根据颁布的国家年度基本建设计划,按照批准的可行性研究报告和设计文件,编制本单位的年度基本建设计划,报经批准后,再编制物资、劳动、财务计划。这些计划分别经过主管机关审查平衡后,作为国家安排生产、宏观调控物资和财政拨款或贷款的依据,并通过招标或其他方式落实施工和监理单位。

5. 施工准备

为了保证施工的顺利进行,在施工准备阶段,建设单位、勘测设计单位、施工单位、监理单位和建设银行均应在自己的职责范围内,针对施工要求充分做好各项准备工作。如建设主管部门应根据计划要求的建设进度,组建专门的项目管理机构,办理登记及拆迁,做好施工沿线有关单位和部门的协调工作,抓紧配套工程项目的落实,提供技术资料,落实材料、设备的供应;勘测设计单位应按照技术资料供应协议,按时提供各种图纸资料,做好施工图纸的会审及移交工作;施工单位应组织机具、人员进场,进行施工测量,修筑便道及生产、生活等临时设施,建立试验室,组织材料、物资采购,熟悉图纸的要求,编制实施性施工组织设计和施工预算,提出开工报告等。

6. 施工组织

施工单位应遵照施工程序合理组织施工,施工过程严格按照设计要求和施工规范,确保工程质量和安全施工。应推广应用新技术,努力缩短工期,降低造价,同时做好施工记录,建立技术档案。施工组织应确保工程进度、施工质量和项目成本三者的协调和统一。

7. 竣工验收、交付使用阶段

基本建设项目竣工验收是工程建设阶段的最后一道程序,也是项目转入生产和使用阶段,发挥投资效益的标志,是一项严肃和细致的工作,必须按照国家有关部门颁布的《关于基本建设项目竣工验收暂行规定》和交通运输部发布的《公路工程竣工验收办法》的要求,认真负责地对全部基本建设工程进行总验收。竣工验收包括两部分内容:一是工程技术验收;二是工程资金决算。

全部基本建设工程经验收合格后,应立即移交给生产部门正式使用。在验收时,对遗留问题、存在问题要明确责任,确定处理措施和期限。

8. 建设项目后评价

建设项目后评价是指建设项目竣工验收合格后,正式投产并达到设计生产能力后对项目进行的再评价,是项目管理的延伸。这次再评价与可行性研究报告阶段的前评价前后呼应,通过对项目的立项阶段、设计施工、竣工投产、生产运营等全过程的再次技术经济分析,来检测项目实施所取得的实际效果与预期效果的偏差,总结投资项目管理经验,为今后的项目决策和投资计划、政策的制定提供依据。

二、公路工程计价体系

公路工程造价是指建设一条公路或一座独立大桥或隧道,使其达到设计要求所花费的全部费用。内容包括:建筑安装工程费用,设备、工具、器具及家具购置费,工程建设其他费用和预留费。

(一)公路工程计价依据

用以计算工程造价的基础资料总称为计价依据,包括定额、指标、费率、基础单价、工程量数据以及政府主管部门颁发的各种有关经济政策、法规和计价办法等。

(二)工程建设各阶段的计价形式

为了对公路基本建设工程进行全面而有效的经济管理,公路工程基本建设从项目建议书到工程竣工验收的各阶段都必须编制相应的工程造价文件。公路工程造价的编制泛指估算、概算、预算、标底、报价、工程结算和竣工决算等造价文件的编审工作,这些不同造价文件的投资额则要根据其主要内容要求,由不同测算工作来完成,它们构成了一个完整的公路工程基本建设投资额测算体系。公路工程造价体系与基本建设程序关系如图1-1所示。

1. 投资估算

投资估算一般是指在投资前期,建设单位向国家申请拟建项目或国家对拟建项目进行决策时,为了测算建设项目在规划、项目建议书、可行性研究不同阶段的相应投资总额而编制的造价文件。它分为两类:一类是项目建议书投资估算;另一类是工程可行性研究投资估算。交通运输部于2018年颁布了最新的《公路工程建设项目投资估算编制办法》(JTG 3820—2018)和《公路工程估算指标》(JTG/T 3821—2018)。在编制公路工程投资估算时,应按其规定执行,并应满足预可行性研究和工程可行性研究的深度要求。

2. 工程概算

设计概算是初步设计阶段,由设计单位根据设计资料、概算定额、各类费用定额、建设地区的自然条件和技术经济条件等资料,计算和确定建设项目从筹建至竣工验收的全部建设费用的造价文件。它是设计文件的重要组成部分,是国家确定和控制公路工程基本建设投资总额、安排基本建设计划、选择最优设计方案的依据。

修正概算是建设项目采用三阶段设计时,技术设计阶段中对设计概算的修正。修正概算主要是根据更为具体的技术设计资料,对设计概算进行修正调整,它比设计概算更为精确,但是受到设计概算的控制。建设项目概算一经批准,在其随后的其他阶段是不能随意突破的。

3. 施工图预算

施工图设计阶段应编制施工图预算。施工图预算是设计单位根据施工图设计的工程量和施工组织计划,按预算定额和各类费用定额编制的反映工程造价的具体文件。它是考核施工图设计经济合理性的依据。对于按施工图预算承包的工程,它是签订建筑安装工程合同,实行建设单位和施工单位投资包干和办理工程结算的依据;对于施工招标的工程,它是编制工程标底的依据;也是施工单位加强经营管理,做好经济核算的基础。

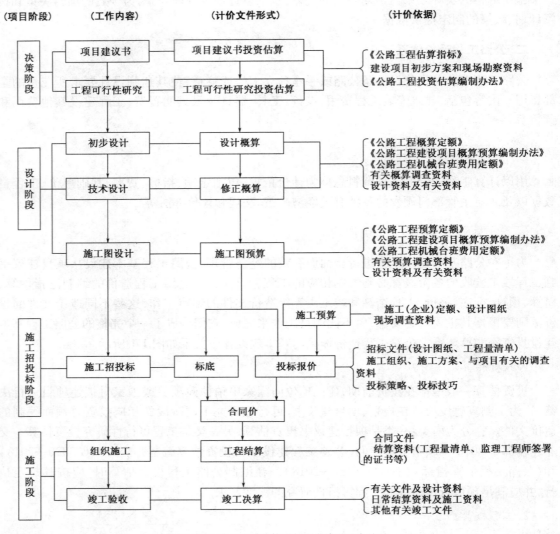

图 1-1　公路工程造价体系与基本建设程序关系

4. 施工预算

施工预算是指工程施工阶段,在施工图预算的控制下,施工单位根据施工图计算的分项工程量、施工定额、施工组织设计或分部工程施工过程设计以及其他有关技术资料,通过工、料、机分析,计算和确定完成一个工程项目、一个单位工程或其中的分部分项工程所需的人工、材料、机械台班消耗量以及其他相应费用的经济文件。它是施工单位进行成本控制与成本核算的主要依据,是施工单位进行劳动组织和材料、机械管理的依据,对施工组织和施工生产也有着极为重要的作用。

5. 标底

在建设项目招投标过程中,由招标单位按发包工程内容、设计文件、合同条件以及技术规范和有关定额等资料编制标底价格。标底是一项重要的投资额测算,是评标的一个基本依据,也是衡量投标人报价水平高低的基本指标,在招投标工作中起着关键作用。标底编制一方面应遵守国家的有关规定和要求,另一方面应力求准确。标底一般以设计概算和施工图预算为基础编制,以其中的建筑安装工程费为主,且不准超过批准的概算或施工图预算。

6. 报价

报价由投标单位针对拟投标的合同段或工程项目编制,是根据招标文件及有关定额、项目所在地区施工条件及施工组织方案等,计算完成招标工程所需各项费用的经济文件。报价是投标文件最重要的组成部分,是投标工作的关键和核心,也是决定能否中标的主要依据。中标单位的报价,将直接成为工程承包合同价的主要基础,并对将来的施工过程起着严格的制约作用。

7. 工程结算

工程结算是项目建设过程中,建设单位同其他各经济实体之间由于器材采购、劳务供应、施工单位已完成工程点的移交等经济活动而引起的货币收支行为。工程结算的主要内容包括货物结算、劳务供应结算、工程费用结算及其他货币资金的结算等。其中,工程费用结算指建设单位同施工单位之间,由于拨付各种预付款和支付已完工程等费用而发生的结算,是工程结算中最重要和关键的部分。工程结算是施工企业根据合同价、施工过程中的工程变更资料、工程签证资料等编制的,它是工程承发包双方办理竣工决算的重要依据。

8. 竣工决算

竣工决算是指在建设项目完工后的竣工验收阶段,由建设单位编制的建设项目从筹建到建成投产或使用的全部实际成本的技术经济文件。它是公路工程建设投资管理的重要环节,是公路工程验收、交付使用的重要依据,也是进行公路工程建设项目财务总结,银行对其实行监督的必要手段。

应当注意,施工单位往往会根据工程结算结果,编制单位工程竣工成本决算、核算单位工程的预算成本、实际成本和成本降低额。工程结算作为企业内部成本分析、反映经营效果、总结经验、提高经营管理水平的手段,与建设项目的竣工决算在概念上是不同的。

以上工程建设项目各阶段的造价文件都是以价值形态贯穿于整个投资过程之中,从申请建设项目,确定和控制基本建设投资额,进行基本建设经济管理和施工单位经济核算,到最后以决算形成企(事)业单位的固定资产,构成了一个有机的整体,缺一不可。一般要求决算不能超过预算,预算不能超过概算,概算则不能超出估算所允许的幅度范围,结算不能突破合同价的允许范围,合同价不能偏离报价与标底太多,而报价(指中标价)则不能超出标底规定的幅度范围,并且标底不允许超出概算。

(三)公路工程计价特征

1. 单件计价特征

由于公路建筑产品的多样性,没有两个完全相同的建筑产品。因此,公路建筑产品的计价是单个计价的。公路工程计价的个别性是从单位工程开始的,每一个单位工程可以作为一个独立的造价对象进行计价和审核。

2. 多次计价特征

建设工程周期长、规模大、造价高,因此按建设程序要分阶段进行,相应地也要在不同阶段多次计价,以保证工程造价确定与控制的科学性。多次计价是个逐步深化、逐步细化和逐步接近实际造价的过程。其过程如图 1-2 所示。

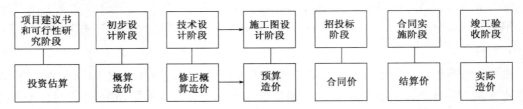

图 1-2　工程多次计价示意图

3. 组合性计价

建筑工程规模大、结构复杂的特点决定了在计价时不能简单直接地计算出整个建筑产品的价格。工程计价的组合性是指将建筑产品进行分解细化,从建筑产品最细小的分项工程开始进行计价组合,逐步形成整个建筑产品的价格。其计算过程和计价组合是:分部分项工程单价—单位工程造价—单项工程造价—建设项目造价。

4. 计价方法多样性

建筑产品计价采用多次计价,每一次计价所处的阶段不同,计价依据和造价精度要求也不同,这就决定了建筑产品的计价方法存在多样性。投资估算主要采用生产能力指数法和设备系数法;设计概算主要采用单价法和实物法等;施工图预算主要采用定额法和清单法。

5. 计价依据的多样性

建筑产品计价的多次性、计价方法的多样性,以及影响造价的因素众多,都决定了建筑产品计价依据的多样性和复杂性。

任务二　认识定额

 学习目标

(1) 定额的含义;
(2) 定额的发展历史;
(3) 定额的特性;
(4) 定额的作用。

 任务描述

本任务要求学生掌握定额的含义,了解定额的发展历史、特性和作用。

 相关知识

一、定额的含义

定额是指规定的额度。广义上讲,定额是规定某种特定事物的数量限额。在建筑工程施工过程中,完成任何一件产品,都需要消耗一定数量的人工、材料和机械,而这些资源的消耗是随着生产中各种因素的不同而变化的。定额就是在正常生产条件以及合理地组织施工、合理地使用材料和机械的情况下,完成单位合格产品所必需的人工、材料、机械、设备及资金消耗的限额标准。同时,在定额中还规定了相应的工作内容和要达到的质量标准以及安全要求。

定额属于计价依据的范畴,是计算人工、材料、机械台班消耗的主要依据。计价依据是指用来计算工程造价的基础资料的总称,除包括定额、指标、费率、基础单价外,还包括工程数量数据以及政府主管部门颁布的各种相关经济法规、政策、计价办法等。

在现代社会经济生活中,定额的种类繁多。就建筑生产领域来说,有劳动定额、工时定额、材料消耗定额、机械台班使用定额、机械台班费用定额、材料储备定额、生产流动资金定额等。它们属于生产性定额,是现代企业科学管理的重要基础。

二、定额的产生和发展

定额产生于19世纪末,它与当时生产力的发展是分不开的。当时的工业生产技术发展很快,但由于采用传统管理方法,工人劳动生产率很低,劳动强度却很高。在这种背景下,被管理学术界尊称为"现代管理之父"的美国工程师泰勒(F. W. Taylor,1856—1915年)开始了对企业管理的研究,以便找出提高工人劳动生产率的方法。他从研究工人操作方法开始,着眼于提高劳动生产率,科学有效地刺激工人的劳动积极性。首先,他把工作分成若干组成动作,并利用秒表记录工人每一动作所消耗的时间,经过分析每个动作与时间之间的关系,制定出工时消耗的合理标准,用这个标准作为衡量工作效率的尺度,这就形成了最初的工时定额。同时,他突破了当时传统经验管理方法,通过科学实验,制定出所谓标准的操作方法,通过对工人进行训练,要求工人改变过去习惯的操作方法,取消不必要的操作程序,并且在此基础上制定出较高的工时定额,用工时定额评价工人工作的好坏;为了使工人能够达到定额,大大提高工作效率,他还改造了当时的生产工具,并制定了工具、机器、材料和作业环境的标准化制度;为了鼓励工人努力完成定额,他还制定了一种有差别的计件工资制度。

从泰勒制定的标准操作方法、工时定额、工具和材料等要素的标准化,有差别的计件工资制度等主要内容来看,工时定额在其中占十分重要的位置。首先,较高的定额水平直接体现了泰勒制定定额的主要目的,即提高工人的劳动效率,降低产品成本,增加企业盈利,而所有其他方法的内容则是为了达到这一目的而制订的措施。其次,工时定额作为评价工人工作的尺度,并和有差别的计件工资制度相结合,使其本身也成为提高劳动效率的有力措施。

继泰勒之后,20世纪20年代出现了组织行为科学。它从社会学和心理学的角度,对工人在生产中的行为以及产生这些行为的原因进行分析研究,强调重视社会环境及人际关系对人行为的影响,着重研究人的本性和需要、行为与动机的关系、激励机制的作用等,特别注重生产中人际关系对生产活动影响的研究,从而达到提高生产效率的目的。行为科学弥补了泰勒等人科学管理理论的不足,使二者有机地结合,让定额朝着更先进、更合理、更科学的方向发展,因而对当时生产力的发展起到了推动作用。

我国有关定额的工作从新中国成立以来一直受到高度重视。早在"一五"期间,国家计划委员会就在1954年颁布了《建筑工程设计预算定额(试行草案)》。由于我国公路工程建设起步较晚,新中国成立初期基本上都是各单位凭经验自编一些定额在施工过程中进行试用。公路工程定额的出现可追溯到1954年8月,交通部在当时公路总局的设计局内设立了预算定额科,由此拉开了公路工程定额编制工作及管理工作的序幕。1954年在国家统一技术标准、技术规范的前提下,开始增加力量编制《公路基本建设预算定额》,1955年正式在全国公布施行。

随着初步设计和施工图设计模式的确立,公路定额管理部门编制了《公路工程施工定额》,其中劳动定额作为衡量施工企业工人劳动生产率的标志和贯彻按劳分配的原则基础,成为编制工程预算(人工部分)的依据;接着编制了《公路工程概算指标》,并重新修订《公路工程预算定额》。但从1957年至1976年,概预算定额工作一直处于停滞状态。直到1978年,随着公路工程建设高潮的到来,定额工作得以快速发展并从此走向正规化管理的轨道。1984年11月15日,在国家计委文件的指导下,经交通部批准组建了"交通部公路工程定额站",此后公路工程定额编制及管理工作在全国各省区市定额站全面展开。公路造价人员经过对其他土建行业定额工作的研究分析,建立了公路工程定额及造价工作的完整体系。该体系既适应公路工程技术标准、规范的发展需要,又与国家的经济方针、政策相协调,并且具有公路工程造价管理的特色。

近年来,随着我国公路建设市场经营体制的大力发展,为适应活跃的市场经济活动,交通部于1992年和1996年先后颁布了《公路工程施工定额》《公路工程预算定额》《公路工程概算定额》《公路工程估算指标》《公路工程机械台班费用定额》《公路工程基本建设项目概算预算编制办法》《公路工程基本建设项目投资估算编制办法》等计价文件。在随后十多年的应用过程中,经济水平和施工技术又有了新的发展,这些定额显然已不能满足建设市场需求,于是全国众多省、自治区、直辖市根据部颁公路工程定额,结合本地具体情况,编制出适合当地的公路工程补充定额,开创了定额向市场迈进的步伐。为了满足新时期公路建设市场经济的需求,交通运输部于2018年又颁布了新的《公路工程建设项目投资估算编制办法》(JTG 3820—2018)、《公路工程建设项目概算预算编制办法》(JTG 3830—2018),同期颁布了新的《公路工程估算指标》(JTG/T 3821—2018)、《公路工程概算定额》(JTG/T /3831—2018)、《公路工程预算定额》(JTG/T 3832—2018)、《公路工程机械台班费用定额》(JTG/T 3833—2018)等,并从2019年5月1日起实施。

同时,一些定额编制及管理新技术也随之出现,如同望WECOST公路工程造价管理系统软件、海德纵横Smart Cost公路工程造价系统等,它们利用计算机技术优势,不仅为定额的管理与应用提供现代化的管理方法,同时也为施工企业建立自己的定额,提供了非常有效的实用管理工具。

三、定额的特性

我国公路工程定额具有科学性、系统性、统一性、法令性和稳定性的特点。

1. 定额的科学性

定额的科学性表现在定额中的各类参数是遵循客观规律的要求,运用科学的方法确定的。定额项目的内容采用了经过实践证明是成熟的、行之有效的先进技术和操作方法,同时编制定额时利用了现代科学管理的成果,形成了一套科学、严密地确定定额水平的手段和方法。因此,定额中各种消耗量指标能正确反映当前社会生产力的水平。

2. 定额的系统性

任何一种专业定额都是一个完整、独立的系统。公路工程定额与公路工程技术标准、规范配套,完全、准确地反映了公路工程施工工艺流程中的每一个环节。

公路工程定额是一个庞大的实体系统,其项目可以分解成成千上万道工序,而其内部却层次分明,任何一个分部分项工程在公路定额中都能一一确定,如概算定额中,一共用7章定额将所有公路工程的内容分割、包容。而且在编制定额的过程中,对于不同的工作都有对应的不同的计算规则和计算模型,它们互相协调组成一个完善的系统。

3. 定额的统一性

定额的统一性,是由国家对经济发展有计划的宏观调控职能决定的。为了使国民经济按照既定的目标发展,就需要借助于某种标准、定额、参数等对工程建设进行规划、组织、调节、控制。

公路定额由初期借助于国家统一的技术标准、规范到现在依据公路工程的统一标准、规范,在交通运输部定额总站的统一领导下,按照定额的制定、颁布和贯彻执行统一制度,使定额管理工作有统一的程序、原则、要求和标准。

4. 定额的法令性

定额的法令性表现在定额是由国家主管部门或其他授权机关统一制定的,一经颁布便具有法令性质,只要在执行范围以内,任何单位都必须严格执行,不得任意变更定额的内容和水平。定额的法令性保证了对工程项目有一个统一的核算尺度,使国家对设计的经济效果和施工管理水平能够实行统一的考核和监督。

5. 定额的相对稳定性

工程建设定额中的任何一种都是一定时期内施工技术和管理水平的反映,因此在一定时期内都表现出相对稳定的状态。根据具体情况不同,稳定的时间有长有短,公路工程定额的稳定期一般在5~10年之间,但是定额会随着生产力水平的变化而变化。由于定额的编制和修改需要动员和组织大量的人力、物力,需要很长的周期完成,因此,当生产力水平变化不大时,有必要保持定额的相对稳定,但当生产力变化幅度较大时,定额必须随之变化。从一段时期看,定额是稳定的;从长时间看,定额是变动的。

随着新工艺、新材料和新技术的不断涌现,定额中应及时补充新内容。补充定额就是随着设计、施工技术的发展,在现行定额不能满足需要的情况下,为了补充缺项所编制的定额。例如,各省、自治区、直辖市交通运输主管部门可编制公路工程概算、预算补充定额,公路工程机械台班费用补充定额。补充定额只能在指定的范围内使用,并可以作为以后修订定额的基础。

四、定额在现代管理中的地位与功能

定额是管理科学的基础,也是现代管理科学中的重要内容和基本环节。我国要实现工业化和生产的社会化、现代化,就必须积极吸收和借鉴世界上发达国家的先进管理方法,必须充分认识定额在社会主义经济管理中的作用。

定额的作用主要表现如下:

1. 定额具有节约社会劳动和提高生产效率的作用

一方面,企业以定额作为促使工人节约社会劳动(工作时间、原材料等)和提高劳动生产效率、加快工作进度的手段,以增加市场竞争能力,获取更多的利润。另一方面,作为工程造价计算依据的各类定额,又促使企业加强管理,把社会劳动的消耗控制在合理的限度内。再者,作为项目决策依据的定额指标,又在更高的层次上促使项目投资者合理而有效地利用和分配社会劳动。

2. 定额是国家对工程建设进行宏观调控和管理的手段

在社会主义市场经济体制逐步完善的今天,政府对经济的宏观调控作用不容忽视,即使在资本主义国家,政府也要利用各种手段影响和调控经济的发展。因此,利用定额对工程建设进行宏观调控和管理,是国家对工程建设进行宏观调控和管理的手段,主要表现在:①对工程造价进行宏观管理和调控;②对资源配置进行预测和平衡;③对经济结构,包括企业结构和所有制结构,进行合理的调控,也包括对技术结构和产品结构的调控。

3.定额有利于市场公平竞争

公平竞争、优胜劣汰,这是市场运行的基本准则。定额既是对市场信息的加工,又是对市场信息的传递。定额为各经济主体之间的公平竞争提供了有利条件,也促使市场经济更加繁荣。

4.定额有利于规范市场行为

一方面,定额是投资决策的依据。投资者可以利用定额权衡自己的财务状况和支付能力,预测资金投入和预期回报,还可以充分利用有关定额的大量信息,有效地提高其项目决策的科学性,优化投资行为。另一方面,定额是价格决策的依据。对于企业来说,由于定额在一定程度上制约着工程中人工、材料、机械台班(时间)的消耗,因此,势必会影响到产品的价格水平。企业在投标报价时,只有充分考虑定额的要求,才能在投标报价时做出正确的价格决策,才能占有市场竞争优势,才能获得更多的工程合同。由此可见,定额在上述两个方面不但规范了市场主体的经济行为,还对完善我国固定资产投资市场和工程建设市场起到重要作用。也就是说,定额在工程建设市场竞争中扮演着经济尺度的角色。

5.定额有利于完善市场的信息系统

定额管理是对大量市场信息的加工,也对大量信息进行市场传递,同时还是市场信息的反馈。信息是市场体系中不可缺少的要素,它的可靠性、完备性和灵敏性是市场成熟和市场效率的标志。在我国,以定额形式建立和完善市场信息系统,是以公有制经济为主体的社会主义市场经济的特色,这在发达的资本主义国家是难以想象的。

6.定额有利于推广先进的施工技术和工艺

定额中包含着某些已成熟的先进的施工技术和经验,工人要达到和超过定额,就必须掌握和应用这些先进技术;如果工人要大幅度超过定额,就必须创造性地劳动。第一,工人工作中注意改进工具和改进技术操作方法,注意原材料的节约,避免能源的浪费。第二,企业或主管部门为了推行施工工具和施工方法,必须推广新技术,所以贯彻定额也就意味着推广先进技术。第三,企业或主管部门为了推行定额,往往要组织技术培训,以帮助工人能达到或超过定额。这样,新技术、新工艺、新材料、新经验就很容易推广,从而大大提高全社会的劳动生产效率。

任务三　定额的分类

(1)公路工程定额的分类体系;
(2)各种工程定额之间的关系。

任务描述

根据使用对象和组织生产的目的不同,定额可以分为很多种类。本任务要求学生掌握按照生产要素对定额进行分类,以及按照用途不同对定额进行分类,掌握不同工程定额之间的关系,了解整个定额体系的组成。

工程建设定额是一个综合的概念,是工程建设中各类定额的统称。它包括许多种类定额,由于具体的生产条件各异,根据使用对象和组织生产的目的不同,可编制出不同的定额。

一、按生产要素分类

按生产要素分类有劳动定额、材料消耗定额和机械台班使用定额。这是最基本的分类法,它直接反映出生产某种单位合格产品所必须具备的因素,见图1-3。

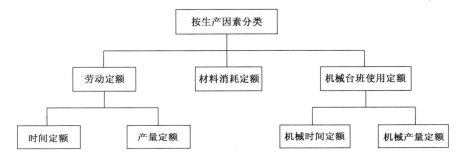

图1-3 按生产因素分类

1. 劳动定额

劳动定额又称劳动消耗定额、工时定额或人工定额,它是指在正常的生产技术和生产组织条件下,为完成单位合格产品或工作所消耗的劳动量标准。

劳动定额的表现形式有时间定额和产量定额两种。

(1)时间定额

时间定额是指在技术条件正常、生产工具使用合理和劳动组织正确的条件下,工人为生产单位合格产品所必须消耗的工作时间。工人的工作时间包括定额时间和非定额时间两种,即工人的工作时间有些可以计入时间定额内,有些是不能纳入时间定额中的。

时间定额以工日为单位,1个工日相当于1个工人工作8h的劳动量,其中潜水工作按6h、隧道工作按7h计算。时间定额的计算方法如下:

$$S = \frac{D}{Q} \tag{1-1}$$

式中:S——时间定额(劳动量单位/产品单位);

D——耗用劳动量数量,一般单位为工日;

Q——完成合格产品数量(产品实物单位)。

(2)产量定额

产量定额是指在技术条件正常、生产工具使用合理和劳动组织正确的条件下,工人在单位时间内完成合格产品的数量。产量定额与时间定额是互为倒数的关系。其计量单位以"产品数量/工日"计,如m^3/工日、m^2/工日。产量定额的计算方法如下:

$$C = \frac{Q}{D} = \frac{1}{S} \tag{1-2}$$

式中:C—— 产量定额(产品单位/劳动量单位);

其余符号意义同前。

【例 1-1】 已知人工挖运普通土(运输距离 20m)的时间定额为完成 $1000m^3$ 天然密实方需要 181.1 工日,试确定人工每工日产量定额。

解 按照时间定额和产量定额互为倒数的关系,可得知每工日的产量定额为:

$$C = \frac{Q}{D} = \frac{1000}{181.1} = 5.52(m^3/工日)$$

2. 材料定额

材料定额又称材料消耗定额,它是指在节约和合理使用材料的条件下,生产单位合格产品所必须消耗的一定品种规格的材料、半成品、配件和水、电、燃料等的数量标准。计算单位是以材料的实物计量单位表示,如 m、kg、t、m^3 等。

材料定额是由材料净消耗定额和材料损耗及废料定额两部分组成。材料净消耗是指直接用于构造物上的材料量;材料损耗及废料是施工中不可避免的废料和必要的工艺性损耗,如在浇灌混凝土构件或砌体浆砌时,所需混凝土混合料或砂浆混合料在搅拌运输过程中不可避免会产生的损耗。材料损耗量和材料净用量之比称为材料损耗率,即

$$材料损耗率 = \frac{材料损耗量}{材料净用量} \times 100\% \tag{1-3}$$

一般材料消耗定额的基本计算公式为:

$$材料消耗定额 = (1 + 材料损耗率) \times 完成单位产品的材料净用量 \tag{1-4}$$

【例 1-2】 确定完成 $10m^3$ 实体 C30 现浇混凝土盖梁(采用钢模、非泵送)的原材料消耗定额。

解 《公路工程预算定额》(JTG/T 3832—2018)表 4-6-4 中规定,用钢模现浇混凝土盖梁,每完成 $10m^3$ 实体需要 $10.2m^3$ 的 C30 水泥混凝土混合料,即混凝土及其所用各种原材料的损耗率均为 2%,则完成 $10m^3$ 实体的混凝土原材料消耗定额按式(1-4)及基本定额中混凝土材料配合比计算如下:

42.5 级水泥 = $(1 + 2\%) \times 377 kg/m^3 \times 10m^3 = 3845(kg)$

中粗砂 = $(1 + 2\%) \times 0.46m^3/m^3 \times 10m^3 = 4.69(m^3)$

4cm 碎石 = $(1 + 2\%) \times 0.83m^3/m^3 \times 10m^3 = 8.47(m^3)$

完成 $10m^3$ 实体合格产品所需的其他材料消耗定额还有:原木 $0.042m^3$、锯材 $0.515m^3$、型钢 0.044t、组合钢模板 0.026t、铁件 26.4kg、铁钉 0.3kg、水 $12m^3$ 和其他材料费 75.4 元等。

材料消耗定额还有两种表现形式,即材料产品定额和材料周转定额。

材料产品定额是指一定规格的原材料,在合理的操作条件下,获得的合格产品的数量。这种定额形式在公路工程定额中应用较少,这里不予叙述。

工程中有些材料,如模板、支架、拱盔等非一次性使用,而是周转使用的,这种材料统称为周转材料。周转性材料在施工中合理周转使用的次数或用量称为材料周转定额。在预算定额中,周转性材料均按其正常周转次数计入定额之中。

3. 机械设备定额

机械设备定额简称机械定额,一般可分为按台班数量计算的定额和以货币形式表示的定额(如小型机具使用费等)。按台班数量计算的机械设备定额又称机械台班消耗定额,它是指在正常的施工条件下,合理组织和利用某种机械完成单位合格产品所必需的机械台班消耗标

准,或在单位时间内机械完成的产品数量。因此,机械台班定额有时间定额和产量定额两种。

机械时间定额是指在一定的操作内容及质量、安全要求的条件下,某种机械完成单位合格产品所必须消耗的工作时间。机械时间定额以"台时"或"台班"为单位,一台机械工作一小时为一台时,潜水设备每台班按6h计算,变压器和配电设备每昼夜按一个台班计算,除此之外,各类机械每台班均按8h计算。

机械产量定额是指在一定的操作内容及质量、安全要求的条件下,某种机械每单位作业量(如台班、台时等)所完成的合格产品的数量标准。机械时间定额和机械产量定额互成倒数。

【例 1-3】 已知 90kW 以内履带式推土机推运普通土(运距 20m)的机械时间定额为完成单位 1000m³ 天然密实方需要 2.39 台班,试问其产量定额是多少?

解 由于推土机的时间定额为 2.39 台班/1000m³ 天然密实方,按照互为倒数的关系,则该机械的产量定额为:

$$\frac{1000m^3}{2.39} = 418.4(m^3/台班)$$

机械台班费用定额是以机械的一个台班为单位,规定其所消耗的工时、燃料及费用等数量标准并可折算为货币形式表现的定额,是计算机械台班单价的依据。

二、按编制程序和用途分类

按编制程序和用途可以把工程建设定额分为施工定额、预算定额、概算定额、投资估算指标四种,见图1-4。

图 1-4 按定额的编制程序和用途分类

1. 施工定额

它是施工企业(建筑安装企业)为了组织生产和加强管理,在企业内部使用的一种定额,属于企业生产定额的性质。它由劳动定额、材料定额和机械定额三个相对独立的部分组成。为了适应组织生产和管理的需要,施工定额的项目划分很细,是工程建设定额中分项最细、定额子目最多的一种定额,也是工程建设定额中的基础性定额。在预算定额的编制过程中,施工定额的劳动、材料、机械消耗的数量标准,是计算预算定额中劳动、材料、机械消耗数量标准的重要依据。

2. 预算定额

它是在编制施工图预算时,计算工程造价和计算工程中劳动量、材料需要量、机械台班使用的一种定额。预算定额是一种计价性的定额,在工程委托承包的情况下,它是确定工程造价的主要依据。在招标和投标的过程中,它是计算标底和确定报价的主要依据。所以,预算定额在工程建设定额体系中占有很重要的地位。从编制程序看,施工定额是预算定额的编制基础,而预算定额则是概算定额或投资估算指标的编制基础。

3. 概算定额

它是编制设计概算时,计算和确定工程概算造价,计算劳动量、机械台班、材料需要量所使用的定额。它的项目划分粗细程度,与初步设计的深度相适应。它一般是在预算定额的基础上经综合扩大而编制的。概算定额是控制项目投资的重要依据,在工程建设的投资管理中有重要作用。

4. 投资估算指标

它是在项目建议书和可行性研究报告阶段编制投资估算、计算投资需要量时使用的一种定额。估算指标非常概略,往往以独立的单项工程或完整的工程项目为计算对象,概略程度与可行性研究相适应,主要作用是为项目决策和投资控制提供依据。估算指标虽然往往根据历史的预、决算资料和价格变动等资料编制,但其编制基础仍然离不开预算定额和概算定额。

上述各种定额与工程造价有着紧密关系,在工程建设过程的各阶段有不同的造价方式,所使用的定额也各不相同,它们之间的关系如图1-5所示。

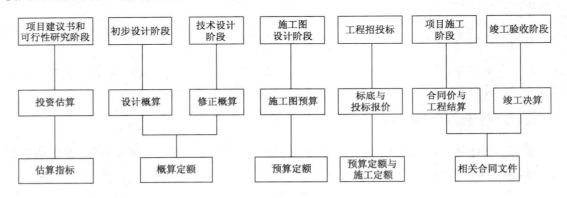

图1-5　工程造价的各阶段所使用的定额关系图

各种工程定额的比较见表1-1。

各种工程定额的比较　　　　　　　　　　　　　　表1-1

定额	施工定额	预算定额	概算定额	估算指标
对象	工序	分项工程或结构构件	扩大分项工程或扩大结构构件	独立的单项工程或完整的工程项目
项目划分	最细	细	粗	很粗
定额水平	平均先进	社会平均		
定额性质	企业定额	计价定额		

三、按照费用性质分类

按照投资的费用性质,把工程建设定额分为建筑工程定额,设备安装工程定额,其他工程费定额,间接费定额,设备、工具、器具购销费用定额,以及工程建设其他费用定额等。

1. 建筑工程定额

建筑工程是指需要通过施工生产来完成的构造物工程。建筑工程定额是施工生产中必须直接耗费的人工、材料、机械台班的数量标准,是施工定额、预算定额、概算定额和估算指标的统称。

2. 设备安装工程定额

设备安装工程是指对需要安装的设备进行定位、组合、校正、调试等工作的工程。设备安装定额是对在设备安装过程中需要消耗的人工、材料、机械所规定的数量标准。设备安装工程与建筑工程在工艺上有很大的差别,施工方法也很不同,所完成的是不同类型的施工产品,但设备安装工程和建筑工程是一项工程的两个有机组成部分,习惯上称为建筑安装工程。设备安装工程定额是安装工程施工定额、安装工程预算定额、安装工程概算定额和安装工程估算指标的统称。在通用定额中,建筑工程定额和安装工程定额合二为一,称为建筑安装工程定额。

3. 其他工程费定额

其他工程费定额是指预算定额分项内容以外,与建筑安装施工生产直接有关的各项费用开支标准。列入其他工程费的项目主要有冬季施工增加费、雨季施工增加费、夜间施工增加费、特殊地区施工增加费、行车干扰工程施工增加费、安全及文明施工措施费、临时设施费、施工辅助费、工地转移费等。其他工程费定额是预算定额以外的直接费定额。由于其费用发生的特点不同,只能独立于预算定额之外,是编制施工图预算、设计概算、投资估算以及招标工程标底的依据。

4. 间接费定额

间接费定额是指为企业生产全部产品以及为维持企业的经营管理活动所必须发生的各项费用开支的标准。间接费包括规费和企业管理费两类性质的费用。

5. 设备、工具、器具购销费用定额

该定额是为满足公路的营运、管理、养护需要的设备以及新建或扩建项目投资运转首次配置的工、器具数量标准。工具和器具是指按照有关规定不够固定资产标准而起劳动手段作用的工具、器具和生产用家具。

6. 工程建设其他费用定额

工程建设其他费用定额是指独立于建筑安装工程、设备和工器具购置之外的其他费用开支的标准。工程建设的其他费用主要包括土地征购费、拆迁安置费、建设单位管理费等。这些费用的发生和整个项目的建设密切相关。其他费用定额是按各项独立费用分别制定的,以便合理控制这些费用的开支。

四、按照颁发部门和管理权限分

按照颁发部门和管理权限划分,工程建设定额可以分为全国统一定额、行业统一定额、地区统一定额、企业定额和补充定额五种。

1. 全国统一定额

是由国家建设行政主管部门综合全国工程建设中技术和施工组织管理的情况编制的,并在全国范围内执行的定额,如全国统一安装工程定额。

2. 行业统一定额

是考虑到各行业部门专业工程技术特点,以及施工生产和管理水平编制的,一般只在本行业和相同专业性质的范围内使用的专业定额,如公路工程定额、水运工程定额等。

3. 地区统一定额

是考虑地区性特点和全国统一定额水平做适当调整补充编制的定额。由于各地区不同的气候条件、经济技术条件、物质资源条件和交通运输条件等,构成对定额项目、内容和水平的影响,其是地区统一定额存在的客观依据。

4. 企业定额

企业定额是由施工企业考虑本企业具体情况,参照国家、部门或地区定额的水平制定的定额。企业定额只在企业内部使用,是企业素质的一个标志。企业定额水平一般应高于国家和行业现行定额,才能满足生产技术发展、企业管理和市场竞争的需要。

5. 补充定额

补充定额是指随着设计、施工技术的发展,现行定额不能满足需要的情况下,为了补充缺项所编制的定额。补充定额只能在指定的范围内使用,可以作为以后修订定额的基础。

五、定额体系

通过以上分析,并根据定额的用途来看,各个公路工程定额之间形成了一个完整的定额体系,每个类别的定额均在一定范围内发挥着不同的作用,形成了这个体系中的一个环节,相互之间既有区别,又紧密联系,是互为补充的,它们均为公路建设的投资和管理发挥着不可或缺的作用。公路工程定额体系见图 1-6。

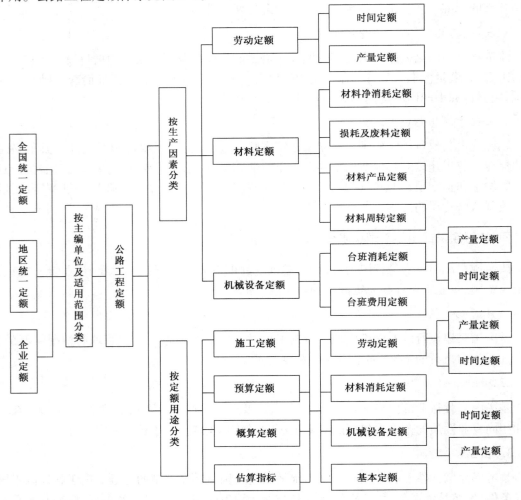

图 1-6　公路工程定额体系示意图

任务四 定额的管理

（1）定额管理的职能；
（2）定额管理的内容；
（3）定额的管理体制。

定额管理是工程建设管理工作的一部分。本任务要求学生了解定额管理的职能和内容，了解我国工程定额的管理体制。

一、定额管理的职能

定额管理是工程建设管理工作的一部分，是指定额管理单位或定额使用单位通过信息获取、决策、计划、组织、领导、控制和创新等职能，利用定额来合理安排和使用人力、物力、财力和时间的所有管理活动的集合，是经济管理中的基础性工作的管理。因此，定额管理具有管理工作的一切特点，具有以下职能：

1. 信息获取

在信息时代，为了有效行使信息获取职能，需要在组织内建立信息系统并利用信息技术。信息技术在组织中的应用不过是最近40年来的事，但它对组织管理与运行的影响却是深远的。信息获取的能力往往决定着组织管理效率的高低和组织运行状况的好坏。定额在执行中会产生各种信息，定额管理单位必须从中获取有用的信息，为以后的定额管理过程做准备。

2. 决策

决策是指"管理者识别并解决问题以及利用机会的过程"。管理者在决策过程中需要适时地获取适量的信息，以提高决策的质量。如在定额信息获取上，获取什么样的信息、以怎样的方式获取、从哪里获取、何时获取等，都需要管理者做出决策。

3. 计划

计划是指"制定目标并确定为达成这些目标所必需的行动"，计划过程是决策的组织过程，是指为了实现决策所确定的目标，预先进行的行动安排，因此制订计划是定额管理者必不可少的工作。

4. 组织

组织是指"确定所要完成的任务、由谁来完成任务以及如何管理和执行这些任务的过程"，管理者必须把工作小组和组织中的成员组织起来，以便使定额信息、资源和任务能够在组织内顺畅流动。

5. 领导

所谓领导,是指"激励和引导组织成员以使他们为实现组织目标做贡献"。管理者必须具备领导其工作小组成员朝着组织目标努力的能力。为了使领导工作卓有成效,管理者必须了解个人和组织行为的动态特征、激励员工并进行有效的沟通。在当今的建设环境中,有效的领导者还必须是富有想象力的——能够预见未来、使他人也具有这种想象力以及授权员工使想象变成现实。只有通过卓有成效的领导,组织的目标才有可能实现。

6. 控制

管理者必须对组织的运行状况以及战略计划和经营计划的实施情况进行监督。控制要求管理者识别当初所计划的结果与实际取得的结果之间的偏差。当一个组织的实际运行状况偏离计划时,管理者必须采取纠偏行动。纠偏行动可以是采取强有力的措施,以确保原先计划的顺利实现;也可以是对原先计划进行调整,以适应当前的形势。控制是管理过程中不可或缺的一种职能,因为它的存在可以确保组织朝向其目标迈进。

7. 创新

所谓创新,就是改变现状。定额管理者的创新活动包括技术创新和制度创新。

上述各种管理职能不是孤立的,它们的相互关系可以通过图 1-7 显示。

对图 1-7 可以解释如下:第一,信息获取职能是其他管理职能赖以有效发挥的基础。第二,决策既与其他管理职能有所交叉(管理者在行使其他管理职能的过程中或多或少面临决策问题),又是计划、组织、领导和控制的依据。第三,计划、组织、领导和控制旨在保证决策的顺利实施。第四,创新贯穿于各种管理职能和各个组织层次。

图 1-7 各种管理职能的相互关系

二、定额管理的内容

定额管理的内容主要是科学制定和及时修订各种定额;组织检查定额的执行情况;分析定额完成情况和存在问题,及时反馈信息。

工程定额种类繁多,管理内容受专业特点影响很大。各类工程定额管理的内容虽各有特点,但从共性看,工程定额管理的内容不外乎包括三个方面,即定额的编制修订、定额的贯彻执行和信息反馈。编制修订是贯彻和执行定额的前提条件,贯彻执行则是编制修订定额的直接导因和管理环节的继续。从管理信息反馈的全过程看,三者的关系如图 1-8 所示。

图 1-8 三者关系示意图

从市场的信息流程来看,定额管理的内容主要是信息的采集、加工、传递、反馈的过程,见图 1-9。定额管理具体包括以下主要工作内容和程序:

(1)制订定额的编制计划和编制方案。
(2)积累、收集和分析、整理基础资料。
(3)编制修订定额。
(4)审批和发行。
(5)组织新编定额的征询意见。

图1-9 定额管理工作程序图

(6)整理和分析意见、建议,诊断新编定额中存在的问题。

(7)对新编定额进行必要的调整和修改。

(8)组织新定额交底和一定范围内的宣传、解释和答疑。

(9)从各方面为新定额的贯彻执行创造条件,积极推行新定额。

(10)监督和检查定额的执行,主持定额纠纷的仲裁。

(11)收集、储存定额执行情况,反馈信息。

上述管理内容之间,既相互联系又相互制约。同时,它们的顺序也大体反映了管理工作的程序。

三、工程建设定额管理的任务与原则

(一)工程建设定额管理的任务

工程建设定额管理的任务和工程建设管理的任务是一致的,它服务于实现工程建设任务的大目标。主要包括以下几方面。

1. 深化工程建设定额改革

(1)依据财政部有关《企业财务通则》和《企业会计准则》的要求,按照制造成本法对建筑安装工程费用项目划分进行调整,对建筑安装工程成本费用项目进行规范。

(2)按照量价分离和工程实体性消耗与施工措施性消耗相分离的原则,对计价定额进行改革。属于人工、材料、机械等消耗量标准,由国家制定全国统一基础定额及工程量计算规则,实现国家对定额消耗量的宏观控制;对于人工、材料价格、机械台班费用等区别不同情况,实行调整与放开相结合的办法,改变国家对定额管理的方式。

(3)针对当前价格、利率、汇率、税率等不断变动的实际情况,组织工程造价管理部门定期发布反映市场价格水平的价格信息和调整指数,实行动态管理。

(4)依据不同工程类别实行差别费率和差别利润率,改变过去按企业隶属关系和资质等级的做法,促进企业间的平等竞争。

(5)鼓励企业逐步做到按工程个体成本报价,提高企业的竞争能力,在计价定额的表现形式上,实行工程实体性消耗与施工措施性消耗相分离的做法。

2. 节约社会劳动

节约工程建设中的社会劳动,是合理利用资源和资金的一个极其重要方面,也是提高工程建设投资效益的标志和主要途径。工程建设中社会劳动的投入,数量大、期限长,节约工程建设中的社会劳动,不仅会给一个项目或一个企业带来经济效益,而且会从宏观上对国民经济的发展带来积极影响。同时,也就意味着投资效益的提高。我国工程建设投资效益低、浪费严重。工程建设定额管理的任务就是要通过定额的制定、执行,达到控制耗费,节约社会劳动的目的。

3. 协调工程建设中各方面的经济利益关系

在社会主义市场经济条件下，工程建设中有关各方存在着自身的经济利益，在具体处理时会发生各种矛盾。工程建设定额管理的任务，在于维护国家、企业、集体、个人的正当利益，正确处理经济关系。为此，就要本着实事求是和公正的原则，避免偏向于任何一个方面，并使之适应逐步完善的市场机制的要求。

4. 加强投资管理和企业管理

投资管理和企业管理的最终目标，是提高经济效益。工程建设定额管理，一方面要适应整个管理工作的需要，受其他管理工作状况的影响和制约；另一方面，也有利于强化投资管理和施工企业管理的约束机制，并为其他各项管理工作创造有利的前提。

（二）工程建设定额管理的原则

为了充分发挥定额在经济管理中的作用，保证工程建设定额管理任务的实现，在定额管理工作中，应该遵循以下原则。

1. 集中领导和分级管理的原则

工程建设定额管理的集中领导，主要体现为统一政策、统一规划、统一组织、统一思想。统一政策，是指工程建设定额的管理，不论部门和地区，在大的政策上应该统一。例如，对于工程建设定额的性质、用途和作用，编制原则，管理权限等，应该有统一的规定和政策要求，以保证国家在工程建设方面的方针、政策得到贯彻，适应国民经济发展的总路线、总方针。统一规划，是指随着经济发展的要求，制订出与国民经济发展计划相适应的工程建设定额的发展规划。统一组织，有两重含义：一是就统一规划和安排部署的管理工作，统一分工，组织落实；二是统一组织机构，作为各项管理工作的组织保证。统一思想，是指随着国家政治经济形势的发展和需要，管理观念要不断转换。从计划经济向市场经济观念的转换，突破传统思想和经验模式，关键在于积极开展工程造价基本理论和基本方法的探讨，借鉴和吸收现代管理科学中有价值的成果，以具有中国特色社会主义理论为指导，逐步形成新的观念和理论体系。

集中领导绝不意味着管死、统死和不分具体情况的"一刀切"。集中领导和分级管理是相辅相成的。

分级管理，是指定额管理权限的划分，按执行范围分部门、分地区、分级分层的管理。分级管理是由工程建设定额本身的多种类、多层次决定的，也是由各部门、各地区和企业的具体情况不同所决定的。多种类、多层次的定额要求各省、自治区、直辖市和国务院各个主管部门，按其职能分工进行管理。由于各部门专业特点不同，各地区的经济技术条件不同，自然气候和物质资源条件不同，也需要在分级管理中考虑和体现各自的特点。

根据国家关于工程建设定额编制和管理权限划分的规定，公路工程定额为行业统一定额。所谓行业统一定额，即凡在中华人民共和国境内修建的公路建设工程，不论其建设地点、投资来源和设计、施工企业的类别，均应执行交通运输部颁布的公路工程定额，并规定公路工程定额由交通运输部负责编制和管理。交通运输部对公路工程定额的管理也采取了集中领导和分级管理的原则。

2. 标准化原则

标准化是指为制定和贯彻产品和工程标准而进行的有组织的活动过程。推行标准化有利于提高产品和工程的质量,降低成本、减少消耗,促进新技术的发展。工程建设中物质消耗、时间消耗和资金消耗的尺度本身就是一种技术经济标准。因此在管理中贯彻标准化原则尤为重要。

标准化的内容,主要包括统一化、系列化、通用化、组合化和简化。"统一化"要求把同一事物两种以上的表现形式归并为一种,或将其限定在一定的范围之内,以消除由于不必要的多样化而造成的混乱。在工程建设中,同一事物具有两种以上的表现形式的情况极为普遍。同一种产品、同一种材料往往有许多不同的名称,往往采用各种不同的计量单位和不同的符号、代号。这种情况会给管理工作造成困难,使管理自动化寸步难行。只有推行统一概念、统一名词术语、统一符号和代号、统一编码、统一计量单位等,才能为科学管理奠定基础。"系列化"要求对同类产品中的一组产品同时进行标准化。在编制工程建设定额时,利用系列化原理为同类产品制定基本参数系列非常必要。"通用化"要求在互相独立的系统中,选择和确定具有功能互换性和尺寸互换性的功能单元,以减少重复劳动和增加适应性。通用化是以互换性为前提的,这一点对工程建设定额管理十分重要。在工程建设中,就每一个工程项目来说,都是一个独立的系统,都有各自的特点,要使各种定额能适应每项工程的具体情况,就需要在编制定额时取其共性,编制出能够通用的定额项目,使它能在不同的工程上互换。"组合化"是要求对设计和制造出的一系列通用性较强的单元,根据需要,组合成不同用途的产品。在定额编制中运用组合化原理,把定额项目视作功能单元,不同的定额就是根据需要确定或划分的大大小小的功能单元的集合。"简化"要求在一定范围内缩减对象(事物)类型的数目,使之在既定时间内足以满足一般需要。在编制工程建设定额中,运用简化原理压缩超过必要范围以外的定额项目始终是必要的。

3. 经济和技术统一的原则

工程建设定额既不是技术定额,也不是单纯的经济定额,而是一种经济技术定额。从它作为工程建设中生产消费定额来说,无疑是经济定额,但它和许多技术条件、技术因素有密切的关系,直接受技术条件、技术因素的约束和影响。所以,在定额管理中,应密切注意研究技术条件和技术因素的状态、影响程度、影响范围、变化及发展趋势,同时还应注意贯彻国家有关的技术政策,并且鼓励和推动技术的发展。

4. 适应性原则

工程建设定额的适应性原则,首先,要求定额管理要适应社会主义市场经济发展的需要,不断完善定额的体系、内容和管理体制。其次,要适应全社会的需要,不仅面向政府投资的建设项目,也要适应全社会其他投资主体对工程建设定额的需要,不断为他们提供及时而准确的信息服务。第三,由于工程建设定额是统一定额,因此,全国统一定额、地区统一定额、行业统一定额和企业定额等,必须能适应规定范围内的各种情况。第四,定额的适应性还应包含一定的时间跨度。由于定额的使用期一般较长,因此必须在使用期内都能适用。

四、工程建设定额的管理体制

工程建设定额管理体制是工程建设管理体制的组成部分。它主要是指国家、地方、部门和企业之间管理权限和职责范围的划分。建立定额管理体制,就在于保证工程定额管理能够组织各种力量,调动各方面的积极性,以便保证定额管理任务的顺利完成。

工程定额的多种类、多层次,决定了管理体制的多部门、多层次。我国现行工程定额管理体系如图1-10所示。

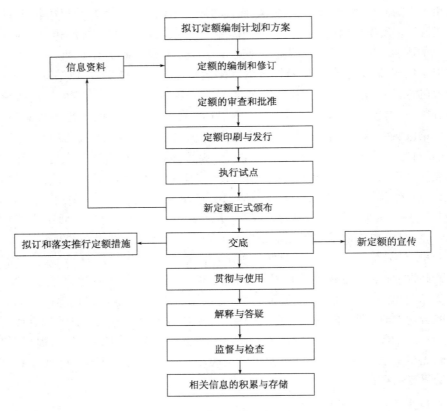

图 1-10 定额管理体制关系图

我国工程建设定额管理,基本上属于政府职能。这是因为定额是国家管理和控制工程造价的有效手段;在进一步深化经济体制改革的形势下,定额仍然是国家对工程建设进行预测、决策、宏观调控的手段。当然,工程建设定额管理不仅仅是政府职能以内的事。如果从定额的贯彻执行角度来说,大量的管理工作应落实在工程项目上,落实在设计机构、建设单位和施工企业。即使是编制定额,也离不开这些企业和单位在提供资料、信息方面的配合。这里暂且未提施工定额管理。所以,在工程定额管理体系中,单位、企业是基础。同时,图 1-10 也大体上描绘出集中领(指)导分级管理和多部门、多层次管理的基本模式。

五、工程定额的管理机构及其职能

我国工程定额管理机构是适应国家大规模经济建设的发展而逐步建立和健全起来的,也随着经济形势和经济体制的发展变化而变化。它的归口主管部门曾有多次转换,如"一五"时期的国家建设委员会,以后的国家基本建设委员会、国家经济委员会和国家计划委员会(以下简称国家计委)。1983 年 8 月,国家计委在原设计局的定额处和标准处的基础上,组建标准定额局。1983 年 3 月,国家科委批准成立了标准定额研究所。这是国家随着体制改革的深化采取加强工程建设基础工作的必要措施。之后,又成立了专业学术团体"中国工程建设概预算定额委员会",现改为中国建设工程造价管理协会。

标准定额局和标准定额研究所的建立,标志着定额管理机构的进一步健全和完善。1988年,在政府机构改革中,新组建的建设部把统筹规划、组织制订和管理全国工程建设标准、技术经济定额、投资估算指标、建设工期定额等作为重要职责,设立了标准定额司和标准定额研究所。在标准定额司设立了造价管理处和定额指标处,在标准定额研究所设立了经济定额处,并配备一批有经验、有专长的专家和业务骨干。

各省、自治区、直辖市和国务院行业主管部,均设有管理工程建设定额的机构,名称相近,工作范围和内容无大差异。近年来,随着社会主义市场经济发展,各个定额站(处)大多改称工程造价管理站(处)。

各省、自治区、直辖市和国务院行业主管部的定额管理机构,是在其管辖范围内各自行使自己的定额管理职能。它在统一政策、统一规划的指导下,主要负责本地区、本部门定额的编制、报批、发行工作;定额的宣传解释工作;定额纠纷的调解仲裁工作;为编制全国统一定额提供基础资料,如统计资料、测定资料和调查资料等;收集定额执行情况,分析研究定额中存在的问题,提出改进和解决措施;组织专业人员的培训和考核;指导下属定额机构的业务工作。

各直辖市和地区的定额管理机构,接受上级定额机构的指导,在所辖地区的范围内执行定额管理职能。

现有的定额站,一般都是具有行政职能的事业单位。一是执行管理定额和工程造价的行政职能;二是事业单位,在规定范围内从事定额和工程造价业务活动的咨询、研究。

1986年国家计委发文,明确规定了各行业主管部和地区的定额站职责是:"制定工程造价管理制度;制定并管理工程建设的估算指标、概预算定额、费用定额、扩大材料消耗定额;搜集、储存、分析已完工程造价资料,建立数据库;掌握材料、设备价格信息,预测价格上涨系数及发布结算价格指数,监督检查工程预算或招标承包工程的标底及中标价是否合理。"

公路工程建设行业于1984年11月15日,在国家计委文件的指导下,经交通部批准组建"交通部公路工程定额站"。随后各省、自治区、直辖市均成立了公路工程定额管理站。

各级公路工程定额管理站的主要职能是:代表上级和本级交通部门开展当地公路、水运工程概预算定额、投资估算指标、施工定额的管理工作;负责当地概预算补充定额的编制工作;承担各地交通厅组织下达的公路、水运概预算补充定额、估算指标和相应编制办法的编制工作;承担本地区项目审批中造价文件的审查工作和审查报批项目造价文件的预审工作;负责搜集、整理、分析本地区的工程造价资料,建立工程造价数据库,并开展对定额、材料价格及工程造价等技术经济的研究工作,定期公布市场信息;负责本地区公路、水运概预算人员的业务培训、指导和管理相关工作。参加本地区大、中型工程项目的技术经济评估活动;开展交通工程造价咨询技术服务工作。各个工程建设定额管理机构除管理定额外,还承担材料预算价格、机械台班单价、单位估价表和单位估价汇总表的编制、发行和管理工作;有的定额站也管理标准规范。

能力训练

一、思考题

1. 公路工程基本建设程序包括几个阶段?每个阶段编制的造价文件有哪些?
2. 简述定额的含义以及特性。
3. 按生产要素分,定额可以分为哪几种?
4. 按编制程序和用途分,定额可以分为哪几种?简述它们之间的关系。
5. 简述定额管理的职能。
6. 简述定额管理的机制。

二、选择题

1. ( )是指不能独立发挥生产能力或效益的,但具有独立施工条件的工程。
   A. 单项工程　　　　　　　　　　B. 单位工程
   C. 分部工程　　　　　　　　　　D. 分项工程

2. 路面工程属于( )。
   A. 单项工程　　　　　　　　　　B. 单位工程
   C. 分部工程　　　　　　　　　　D. 分项工程

3. 我国公路工程基本建设一般采用两阶段设计,即( )和( )。
   A. 施工设计　　　　　　　　　　B. 初步设计
   C. 技术设计　　　　　　　　　　D. 施工图设计

4. 公路工程施工招投标过程中,招标方对工程发包项目做出的成本测算值称为( ),投标方对工程发包项目做出的成本测算值称为( )。
   A. 施工预算　　　　　　　　　　B. 标底
   C. 施工图预算　　　　　　　　　D 投标报价

5. 在工程建设定额体系中,( )是基础性定额。
   A. 施工定额　　　　　　　　　　B. 预算定额
   C. 机械台班费用定额　　　　　　D. 概算定额

6. 在编制施工定额时,时间定额与产量定额的关系是( )。
   A. 相等　　　　　　　　　　　　B. 互为倒数
   C. 时间定额不等于产量定额　　　D. 无相关关系

7. 下列定额中,作为《公路工程预算定额》编制依据的是( )。
   A. 施工定额　　　　　　　　　　B. 概算定额
   C. 概算指标　　　　　　　　　　D. 估算指标

8. 某机械的产量定额为20m^3/台班,则时间定额为( )。
   A. 0.05 台班/m^3　　　　　　　B. 0.5 台班/m^3
   C. 5 台班/m^3　　　　　　　　D. 80 台班/m^3

项目二　工作时间消耗的研究

【概述】　工时研究即工作时间消耗的研究,是定额编制的基础。本项目将重点介绍施工过程的组成和分解,三种工时研究的基本方法——计时观察法,主要包括测时法、写实记录法和工作日写实法等。

任务一　认识施工过程

学习目标

（1）了解公路工程施工过程的组成要素；
（2）掌握公路工程施工过程的分解方法；
（3）了解公路工程施工过程的影响因素。

任务描述

编制公路工程定额,首先要认识公路工程施工过程的组成,并能将公路工程施工过程进行细化分解。本任务要求学生了解公路工程施工过程的组成要素,掌握公路工程施工过程的分解方法,能够将施工过程根据要求分解成工序或者操作过程,为编制公路工程施工定额打好基础。

相关知识

编制工程定额,首先要将复杂的公路工程施工过程分解为一道道工序,然后研究完成一定工作量的工序所必须消耗的劳动时间、机械使用时间和材料用量。

一、施工过程

一个工程项目是由各分项工程组成,各分项工程又由不同复杂程度和不同性质的施工项目所组成。施工过程就是在建筑工地范围内所进行的生产过程,最终目的是建造、改建、修复或拆除建筑物或构筑物,如公路工程中挖土方、填筑路基、预制钢筋混凝土构件等。构成施工过程的构成因素是生产力三要素,即劳动者、劳动对象、劳动手段。施工过程是由不同工种、不同技术等级的建筑安装工人完成的,并且必须有一定的劳动对象（建筑材料、半成品、配件、预制品等）、一定的劳动工具（手动工具、小型机具和机械等）。

1. 劳动者

劳动者主要指生产工人。公路行业的建筑安装工人按其承担的工作不同而划分为不同的专业。如：泥瓦工、木工、钢筋工、电焊工、机械工、电工、推土机及载重汽车驾驶员等。

工人的技术等级是按其所做工作的复杂程度、技术熟练程度、责任大小、劳动强度等要素确定的。工人的技术等级越高，其技术熟练程度也就越高。

2. 劳动对象

劳动对象是指施工过程中所使用的建筑材料、半成品、成品、构件和配件等。

3. 劳动手段

劳动手段是指在施工过程中，工人用以改变劳动对象的工具、机具和施工机械等。例如，木工的刨子和锯子；泥瓦工的瓦刀、钢钎；钢筋工的电动弯筋机、钢筋切割机和电焊机等机具；搅拌工搅拌砂浆用的砂浆搅拌机等机械。

在整个施工过程中，都将涉及以上三个要素，其结果是每个施工过程的结果都是要获得一定的产品，产品的表现形式分别有：

（1）改变了劳动对象的外表，如加工钢筋；

（2）改变了劳动对象的内部结构、性质，如浇筑混凝土；

（3）改变了劳动对象的位置等，如运输材料。

无论是哪一种形式，只要符合设计及质量要求，是合格产品，就可以作为研究工时消耗的观察对象。通过对施工过程的组成部分的分解，按其不同的劳动分工、不同的工艺特点、不同的复杂程度，来区别和认识施工过程的性质和内容，以使我们在技术上采用不同的现场观察方法，研究工时和材料消耗的特点，进而取得编制定额所必需的精确资料。

二、施工过程的分解

任何工程结构物的施工过程（或生产过程）由小到大可以分为：动作、操作、工序、操作过程和综合过程五个进程。而前一进程为后一进程的组成部分。例如工序是由若干个操作所组成，而操作又可划分为若干动作等。

1. 动作

动作是指劳动时一次完成的最基本的活动，它是工序中最小的一次性的不间断运动。例如，抓取工具或材料，动手开动机械等。

2. 操作

若干个细小动作组成所谓操作。以安装模板时"将模板放在工作台上"这一操作为例，可大致划分为三个动作：①取部分模板；②走至工作台处；③将模板放在工作台上。显然，动作和操作并不能完成产品，在技术上亦不能独立存在。

3. 工序

工序是指在施工组织上不可分开和施工技术上相同的生产活动过程，它由若干个操作所组成。其主要特征是劳动者、劳动对象和使用的劳动工具均不发生变化，即劳动者、劳动对象和劳动工具三者是固定的。以"预制钢筋混凝土构件"为例，其中包括：①安装模板；②安置钢筋；③浇灌混凝土；④捣实；⑤拆模；⑥养护。其中"安装模板"这一工序由运送模板、将模板放在工作台上、拼装模板等操作组成；"安置钢筋"这一工序由钢筋的除锈、整直、切断、弯曲和绑扎，以及钢筋的移运等操作和动作组成；"浇灌混凝土"这一工序是由运送混凝土料、摊铺混凝土、振捣、抹光、成型等操作组成。

从技术操作和施工组织观点来看,工序是最基本的施工过程单元,编制施工定额时,工序是基本组成单元,只有在某些复杂的工序为了更精确起见,才以操作作为基本组成单元。

4. 操作过程

操作过程由若干技术相关联的工序所组成。操作过程中各个工序是由不同的工种、使用不同的工具和机械依次地或平行地来完成。例如:"铲运机修筑路堤"这一操作过程是由铲运土、分层铺土、空回、整理卸土4道工序所组成。

5. 综合过程

综合过程是同时进行的,在组织上是有机地联系在一起的,能最终获得一种产品的操作过程的总和。例如:用铲运机修筑路堤时,除"铲运机修筑路堤"外,还必须同时经过"土壤压实""路堤修整"等操作过程。

施工过程按以上五个进程划分,有助于编制不同种类的定额,施工定额可具体到工序和操作;预算定额则以操作过程或工序为依据;而概算定额则以综合过程或操作过程为依据。

将一个施工过程分解成工序、操作、动作的目的,就是要分析它们之间的关系及其衔接时间,最后测定施工过程及工序的定额。测定技术定额只是分解和标定到工序为止。如果进行某项先进技术或新工艺的工时研究,就要分解到操作甚至动作为止,从中研究可以改进操作或节约工时的方法。

例如:依上面所述,对浆砌片石挡墙施工过程的分解如图2-1所示。

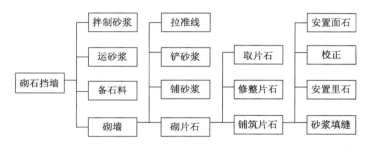

图 2-1 浆砌片石挡墙施工过程划分示意图

三、施工过程的影响因素

公路工程建设的施工过程中,由于施工组织、劳动组织、施工方法和工人技术水平的不同,即使在同一工地、同一工作内容的条件下,同一单位产品消耗的工作时间也各不相同,甚至差别很大。因此,对施工过程的影响因素进行研究,有利于正确确定完成单位合格产品所需的正常工作时间。

1. 技术因素

技术因素是指由建筑物设计要求或施工物质条件而引起的对施工过程的影响因素,如:

(1)完成产品的类别、规格和技术特征;

(2)所用材料、半成品、构配件的类别、规格、等级和性能;

(3)所用工具和机械设备的类别、型号、规格和性能。

2. 组织因素

组织因素是指在施工过程中由于施工管理、劳动组织、施工方法和工作条件等特点而产生

的影响因素,与施工技术、管理人员和工人直接有关。组织因素只能通过状态和特点予以说明,主要有:

(1)施工组织水平与施工方法;
(2)劳动组织和分工方法;
(3)工人的技术水平、操作方法、劳动态度;
(4)工资制度与分配方式等。

3.其他因素

(1)气候条件的影响:雨雪、冰冻、大风、高温等;
(2)水、电厂供应的水、电及其动力的中断;
(3)运到现场的材料、构配件质量不合格;
(4)因设计单位与建设单位变更设计等。

施工过程中的影响因素是很多的,在实际工作中,必须认真分析各个施工过程的特点以及有关因素,通过观察,掌握各影响因素对完成单位产品工时消耗的影响程度,并提出减少或消除这些因素的建议和措施,充分利用有利因素,使完成单位产品过程中的机械、人工、材料消耗最少,从而提高劳动生产率。

任务二　工作时间的研究

 学习目标

(1)熟悉工作时间的概念;
(2)掌握工人和机械工作时间的分类;
(3)掌握计时观察法的操作方法。

 任务描述

工时研究是编制公路工程施工定额的前提。本任务要求学生能够将劳动者或施工机械在整个施工过程中所消耗的工作时间进行科学的划分、归纳,找出其间的定额时间及非定额时间的组成,为编制公路工程施工定额提供依据。

 相关知识

人们要完成任何一项工作都必须消耗时间。泰勒的"科学管理理论"中的工作定额原理指出,要制定出有科学依据的工人的"合理的日工作量",就必须进行时间和动作的研究。

研究的方法是把工人的操作分解为基本动作,再对尽可能多的工人测定完成这些基本动作所需的时间,同时选择最适合的工具、机器,确定最适当的操作程序,消除错误的和不必要的动作,得出最有效的操作方法作为标准。然后,累计完成这些基本动作的时间,加上必要的休息时间和其他延误时间,就可以得到完成这些操作的标准时间,据此制定一个工人的"合理的日工作量"。合理的日工作量正是定额工作时间,因此工作时间消耗的研究即工时研究,是定额编制的基础。

工时研究就是将劳动者或施工机械在整个施工过程中所消耗的工作时间,根据其性质、范围和具体情况的不同,予以科学地划分、归纳,找出其间的定额时间及非定额时间的组成。进行工时研究的目的就是要消除产生非定额时间的因素,提高劳动生产率,并为编制定额提供依据。

一、工作时间分析

1. 工作时间的概念

工作时间就是工作班的延续时间,它是由工作班制度决定的,其单位是工日。目前我国公路建设行业均实行 8 小时工作制度,所以 1 个工日的工作时间一般为 8 小时,个别特殊工作如:潜水,规定一个工作班为 6 小时;隧道,一个工作班为 7 小时。工作时间不包括午饭时的中断时间。工作时间分为工人工作时间和机械工作时间。

2. 工人工作时间分析

工人的工作时间可分为定额时间和非定额时间两大类,如图 2-2 所示。

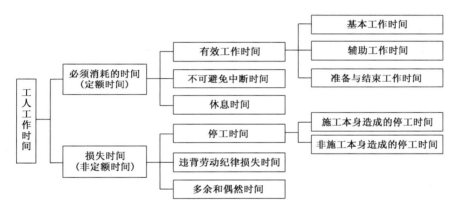

图 2-2 工人工作时间分类图

1)定额时间

定额时间是指在正常施工条件下,工人为完成一定合格产品所必须消耗的工作时间,也就是必要劳动时间(以 t 表示)。

定额时间包括:有效工作时间、必要休息时间、不可避免的中断时间。

(1)有效工作时间(以 t_1 表示)。它是指与完成产品有直接关系的工作时间消耗。包括:

①准备与结束工作时间(以 t_{11} 表示):指工人在执行任务前的准备工作和完成任务后的结束工作所需消耗的时间。它分为经常性的准备与结束工作时间及任务性的准备与结束工作时间。

经常性的准备,如领取材料工具,工作地点布置,检查安全技术措施,调整、保养机械等,结束工作时间,如清理工作地点,退回工具、余料,产品交验、工作交接班等,具有经常的或每天的工作时间消耗的特性。

任务性的准备与结束工作时间,如接受任务时的技术交底、熟悉施工图纸等,不具有经常性,但发生在接受新任务时。

②基本工作时间(以 t_{12} 表示)。它是指工人直接用于施工过程中完成产品的各个工序所消耗的时间,它与完成任务的大小成正比。通过基本工作,如钢筋弯曲成型,浇筑混凝土构件等,可以使劳动对象发生直接变化。

基本工作时间与以下因素有关:a. 生产工艺;b. 操作工序;c. 工人的技术熟练程度;d. 工作的难易程度;e. 操作工具、机械化程度;f. 任务大小等。基本工作时间是产品生产中消耗得最多的时间,认真分析其有关因素,对降低完成单位产品生产的时间消耗有着重要的作用。

③辅助工作时间(以 t_{13} 表示)。它是指与施工过程的技术作业有直接关系的工序所消耗的时间。这些工序如搭设踏板、修理便道、施工放线、自行检查等,是为了保证基本工作的顺利进行而做的辅助性工作,是整个施工过程所必不可少的。

因此,有效工作时间可以下式表达:

$$t_1 = t_{11} + t_{12} + t_{13} \tag{2-1}$$

(2)必要休息时间(以 t_2 表示)。它是指工人在工作过程中,为了恢复体力所必需的短暂间歇时间及因个人生理上的需要而消耗的时间。休息时间包括工间休息时间,如工人喝水、上厕所等时间,是根据工作的繁重程度、劳动条件和劳动性质,作为劳动保护规定列入工作时间之内。

(3)不可避免的中断时间(以 t_3 表示)。它是指由于施工工艺和技术的要求,以及特殊情况下施工而引起的不可避免的工作中断时间。如:铁件加工过程中的等待冷却的时间,混凝土脱模时等待初凝的时间,汽车驾驶员等待装卸货物的时间等。

不可避免的中断时间具有这样一个特点,即:工人不能离开工作岗位,或又被安排从事其他工作。否则,就不应计入不可避免的中断时间。

以上发生的 t_1、t_2、t_3 时间,都是直接地或间接地用在生产上的时间消耗,属于定额时间。其计算方法如下:

$$t = t_1 + t_2 + t_3 = (t_{11} + t_{12} + t_{13}) + t_2 + t_3 \tag{2-2}$$

2)非定额时间

非定额时间即指损失时间,是指工人或机械在工作时间内与完成生产任务无关的时间消耗。

非定额时间包括:多余或偶然的工作时间、停工时间、违反劳动纪律时间。

(1)多余或偶然的工作时间(t'_1)。它是指在正常施工条件下,不应发生的工作时间或与现行工艺相比多余的工作或因偶然发生的情况造成的时间损失。

例如:①压实基层,设计要求达到某一压实度,根据试验只需碾压两遍,但因为没有做试验而碾压了三遍,多余的一遍所消耗的时间,记为 t'_{11};

②施工质量不合格造成的返工所消耗的时间,记为 t'_{12};

③在岗工人突然生病或机器突然发生故障而造成的临时停工所消耗的时间,记为 t'_{13}。则

$$t'_1 = t'_{11} + t'_{12} + t'_{13} \tag{2-3}$$

(2)停工时间(t'_2)。停工时间包括施工本身造成的和非施工本身造成的停工。它是指工人在工作时间或机械在工作班内没有能从事生产活动或中断生产所损失的时间。

因施工本身造成的停工是由于:

①管理不善;

②施工组织或劳动组织不合理;

③各工种之间的协调、配合不好,例如:

a. 材料不能及时运到或运到的材料不合格造成的停工;

b. 工作面过于拥挤造成部分工人停工(或窝工)。

非施工本身造成的停工是由于：

①来自企业外部的干扰，例如设计图纸未能及时送达，水电供应临时中断；

②不利气象条件的影响，例如大雨、风暴、严寒、酷热等所造成的停工损失，其责任不在于施工单位。

(3) 违反劳动纪律损失时间(t'_3)。即指工人不遵守劳动纪律而造成的时间损失，如上班迟到、早退，擅自离开岗位，工作时间内聊天，以及由于个别人违反劳动纪律而使别的工人无法工作等时间损失。

非定额时间计算方法如下：

$$t' = t'_1 + t'_2 + t'_3 = (t'_{11} + t'_{12} + t'_{13}) + t'_2 + t'_3 \qquad (2-4)$$

在确定定额水平时，非定额时间均不予考虑。

3. 机械工作时间分析

机械工作时间大体性质与工人工作时间相似，同时又有机械工作本身的特殊性。机械工作时间分析见图2-3。

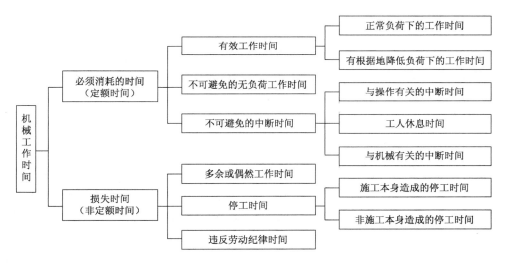

图 2-3　机械工作时间分类图

1) 定额时间

(1) 有效工作时间。包括正常负荷下和降低负荷下的两种工作时间消耗。

①正常负荷下的工作时间。指机械按机械说明书规定的负荷进行工作的时间。

在个别情况下，由于技术上的原因，机械可能在低于负荷下工作。如汽车载运重量轻而体积大的货物时，不可能充分利用汽车的载重吨位，因而不得不降低负荷工作，此种情况亦视为正常负荷下工作。

②降低负荷下的工作时间。指由于施工管理人员或工人的过失，以及机械陈旧或发生故障等原因，使机械在降低负荷情况下进行工作的时间。

(2) 不可避免的无负荷工作时间。是指由于施工过程的特性和机械结构的特点所造成的机械无负荷工作时间，一般分为循环的和定时的两类。

①循环的不可避免无负荷工作时间。指由于施工过程的特性所引起的空转所消耗的时

间,如吊机返回到起吊重物地点所消耗的时间,在机械工作的每一个循环中重复一次。

②定时的不可避免无负荷工作时间。主要是指发生在施工活动中的无负荷工作时间,如工作班开始和结束时自行式机械无负荷的空行往返或工作地段转移所消耗的时间。如铲运机、装载机从驻地到施工地点的往返时间。

(3)不可避免的中断时间。是由于施工过程技术和组织的特性而造成的机械工作中断时间,通常分为与操作有关的和与机械有关的两类不可避免中断时间。

①与操作有关的不可避免中断时间。又分为循环的和定时的两种。

循环的是指在机械工作的每一个循环中重复一次,如汽车装载、卸货的停歇时间。

定时的是指经过一定时间重复一次,如振捣混凝土从一个工作地点转移到另一个工作地点时工作中断时间。

②与机械有关的不可避免中断时间。指用机械进行工作的工人在准备与结束工作时使机械暂停的中断时间,或者在维护保养机械时必须停转所发生的中断时间,例如沥青混合料摊铺机的预热工作和停机前清料工作、推土机的中间加油工作。前者属于准备与结束工作的不可避免中断时间,后者属于定时的不可避免中断时间。

③工人休息时间。指操作工人必需的休息时间。

2)非定额时间

(1)多余或偶然的工作时间。多余或偶然的工作有两种情况:一是可避免的机械无负荷工作,系指工人没有及时供给机械用料而引起的空转;二是机械在负荷下所做的多余工作,如混凝土拌和机在搅拌混凝土时超过搅拌的时间,即属于多余工作时间。

(2)停工时间。按其性质可分为以下三种:

①施工本身造成的停工时间。是指由于施工组织不善而引起的机械停工时间,如临时没有工作面,未能及时给机械供水、燃料和加润滑油,以及机械损坏等所引起的机械停工时间。

②非施工本身造成的停工时间。指由于外部影响所引起的机械停工时间,如水源、电源中断,以及气候条件(暴雨、冰冻等)的影响而引起的机械停工时间。

③违反劳动纪律时间。由于操作工人违反劳动纪律或操作规程而引起的机械停工时间。

二、测定时间消耗的基本方法——计时观察法

测定定额是制定定额的一个主要步骤。测定定额是用科学的方法观察、记录、整理、分析施工过程,为制定工程定额提供可靠的依据。测定定额通常使用计时观察法。

(一)计时观察法概述

计时观察法,是研究工作时间消耗的一种技术测定方法。它以研究工时消耗为对象,以观察测试为手段,通过密集抽样和粗放抽样等技术进行直接的时间研究。由于工程施工中以现场观察为主要技术手段,所以计时观察法也称为现场观察法。

计时观察法的具体用途:

(1)取得编制施工定额的劳动定额和机械定额所需要的基础资料和技术依据。

(2)研究先进工作法和先进技术操作对提高劳动生产率的具体影响,并应用和推广先进工作法和先进技术操作。

(3)研究减少工时消耗的潜力。

(4)研究定额执行情况,包括研究大面积、大幅度超额和小于定额的原因,积累资料、反馈信息。

计时观察法能够把现场工时消耗情况和施工组织技术条件联系起来加以考察。它不仅能为制定定额提供基础数据,而且也能为改善施工组织管理、改善工艺过程和操作方法、消除不合理的工时损失和进一步挖掘生产潜力提供技术依据。计时观察法的局限性是考虑人的因素不够。

(二)计时观察前的准备工作

(1)确定需要进行计时观察的施工过程

计时观察之前的第一个准备工作,是研究并确定有哪些施工过程需要进行计时观察。对于需要进行计时观察的施工过程要编出详细的目录,拟订工作进度计划,制订组织技术措施,并组织编制定额的专业技术队伍,按计划认真开展工作。在选择观察对象时,必须注意所选择的施工过程要完全符合正常施工条件。所谓施工的正常条件,是指绝大多数企业和施工队、组,在合理组织施工的条件下所处的施工条件。与此同时,还需调查影响施工过程的技术因素、组织因素和自然因素。

(2)对施工过程进行预研究

对于已确定的施工过程,应进行充分的研究,目的是为了正确地安排计时观察和收集可靠的原始资料。研究的方法是全面地对各个施工过程及其所处的技术组织条件进行实际调查和分析,以便设计正常的(标准的)施工条件和分析研究测时数据。

①熟悉与该施工过程有关的现行技术标准、规范等文件和资料。

②了解新采用的工作方法的先进程度,了解已经得到推广的先进施工技术和操作,还应了解施工过程存在的技术组织方面的问题以及由于某些原因造成的混乱现象。

③注意系统地收集完成定额的统计资料和经验资料,以便与计时观察所得的资料进行对比分析。

④把施工过程划分为若干个组成部分(一般划分到工序)。施工过程划分的目的是便于计时观察。如果计时观察法的目的是为了研究先进工作法,或是分析影响劳动生产率提高或降低的因素,则必须将施工过程划分到操作以及动作。

⑤确定定时点和施工过程产品的计量单位。所谓定时点,即上下两个相衔接的组成部分之间的分界点。确定定时点,对于保证计时观察的精确性是不容忽略的因素。确定产品计量单位,要能具体地反映产品的数量,并具有最大限度的稳定性。

(3)选择观察对象

所谓观察对象,就是对其进行计时观察完成该施工过程的工人。所选择的建筑安装工人,应具有与技术等级相符的工作技能和熟练程度,所承担的工作与其技术等级相等,同时应该能够完成或超额完成现行的施工劳动定额。

(4)其他准备工作

此外,还必须准备好必要的用具和表格。如测时用的秒表或电子计时器,测量产品数量的工具、器具,记录和整理测时资料用的各种表格等。如果有条件且有必要,还可配备摄像和电子记录设备。

计时观察的工作步骤如下:

①确定计时观察的施工过程;

②划分施工过程的组成部分；
③选择正常施工条件；
④选择观察对象；
⑤观察测时；
⑥整理和分析观察资料；
⑦编制定额。

(三)计时观察法的分类

对施工过程进行观察、测时，计算实物和劳务产量，记录施工过程所处的施工条件和确定影响工时消耗的因素，是计时观察法的三项主要内容和要求。计时观察法的种类很多，最主要的有三种，见图 2-4。

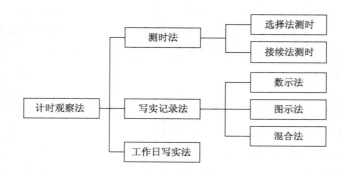

图 2-4 计时观察法的种类

1. 测时法

测时法即对工作时期内的各时间消耗进行现场测量的方法，是一种精确度比较高的测定方法，主要适用于研究以循环形式不断重复进行的作业。它用于观测研究施工过程循环组成部分的工作时间消耗，不研究工人休息、准备与结束及其他非循环的工作时间。采用测时法，可以为制定劳动定额提供单位产品所必需的基本工作时间的技术数据；可以分析研究工人的操作或动作，总结先进经验，帮助工人班组提高劳动生产率。

1) 测时法的分类

根据具体测试手段不同，测时法分为选择法和连续法两种。

(1) 选择法测时。选择法测时也称为间隔法测时，它不是连续地测定施工过程全部循环工作的组成部分，而是每次间隔选择施工过程中非紧密连接的组成部分（工序或操作）测定工时，经过若干次选择测时后，直到填满表格中规定的测时次数，以完成各个组成部分的全部测时工作。精确度达到 0.5s。

选择测时法记录时间的方法是：当被观察的某一循环工作的组成部分开始，观察者立即开动秒表，当该组成部分终止，到预定的定时点时，则即刻停止秒表，此刻显示的时间即为所测组成部分的延续时间，把该时间记录到选择法测试记录（循环整理）表上，并把秒针拨回到零点。当另一组成部分开始时，再开动秒表，如此循环测定。

采用选择法测时，应特别注意掌握定时点。当需测定的各工序或操作的延续时间较短时，连续测定比较困难，用选择法测时比较方便且简单。

选择法测时记录（循环整理）表（表 2-1），既可记录观察资料，又可进行观察资料的整理。

测时之前,应先把表头部分和各组成部分的名称填好,观察时再依次填入各组成部分的延续时间,观察结束再行整理,求出平均修正值。

选择法测时记录表   表2-1

观察对象:机械吊装预制涵板	施工单位	工地名称	日期	开始时间	终止时间	延续时间	观察号次	页次	
	××路桥工程公司	××公路××标段	2007年5月14日	10:00	10:40	40min	3	3/6	
时间记载精度:1s	施工过程名称:汽车式起重机(QY20型)吊装预制涵板							工人人数:	

序号	组成部分名称	定时点	每一次循环的工时消耗 (s/块)										时间整理			产品数量	附注
			1	2	3	4	5	6	7	8	9	10	正常延续时间总和(s)	正常循环次数	算术平均值(s)		
1	挂钩	挂钩后松手离开吊钩	31	32	33	32	43①	30	33	33	33	32	289	9	32.1	每循环一次吊装预制涵板块一块,每块吊装质量为1.5t	①挂了两次钩;②吊钩下降高度不够,第一次未脱钩
2	上升回转	回转结束后停止	84	83	82	86	83	84	85	82	82	86	837	10	83.7		
3	下落就位	就位后停止	56	54	55	57	57	69②	56	57	56	54	502	9	55.8		
4	脱钩	脱钩后开始回升	41	43	40	41	39	42	42	38	41	41	408	10	40.8		
5	空钩回转	空钩回至构件堆放处	50	49	48	49	51	50	50	48	49	48	492	10	49.2		
合计															261.6		

(2)连续法测时。连续法测时又称接续法测时。它是对施工过程循环组成部分进行不间断的连续测定,不能遗漏任何一个循环的组成部分。连续法测时每次要记录各工序或操作的终止时间,并计算出本工序的延续时间。

连续法测时所测定的时间包括了施工过程中的全部循环时间,是在各组成部分相互联系中求出每一组成部分的延续时间。这样,各组成部分延续时间之间的误差可以相互抵消,所以连续法测时比选择法测时准确、完善,但观察技术也较之复杂。它的特点是在工作进行中和非循环组成部分出现之前一直不停止秒表,秒针走动过程中,观察者根据各组成部分之间的定时点,记录它的终止时间,再用各定时点终止时间的差值表示各组成部分的延续时间,是一种比较准确的方法。

连续测时法在测定时间时使用具有辅助秒针的计时表。当测时开始时,立即开动秒表测到预定的定时点,这时辅助针停止转动,辅助针停止的位置即组成部分的时间点,记录下时间点后使辅助针继续转动,至下一个组成部分定时点再停止辅助针,记录时间点(辅助针停止时,计时表仍在继续走动),如此不间断地测时,直到全部过程测完为止。

在测定开始之前,亦需将预先划分的组成部分和定时点分别填入测时表格内。每次测时时,将组成部分的终止时间点填入表格。测时结束后,再根据后一组成部分的终止时间计算出后一组成部分的延续时间,并将其填入表格中。表2-2所示为连续测时法的具体实例。

连续法计时记录表

表 2-2

观察对象：人力胶轮架子车运送混凝土预制砌块		施工单位	工地		日期	开始时间	终止时间	延续时间	观察号次		页次
		××路桥工程公司	××公路××标段		2009年3月9日	8:00	10:13	2h13min			

时间精度：1s　　施工过程名称：人力胶轮架子车运送混凝土预制砌块（运距25m）

号次	组成部分名称	时间	观察次数										时间整理			
			1	2	3	4	5	6	7	8	9	10	时间总和(s)	观察次数	算术平均值(s)	产品数量	备注
1	装车	终止时间	5'50"	19'25"	32'43"	46'18"	59'44"	12'57"	26'13"	39'29"	53'03"	6'22"	3501	10	350.1		每车运送10块混凝土预制砌块
		延续时间	350"	360"	345"	353"	348"	347"	351"	340"	355"	352"					
2	运送	终止时间	6'50"	26'33"	33'41"	47'19"	0'43"	13'55"	27'15"	40'29"	54'02"	7'24"					
		延续时间	60"	61"	58"	61"	59"	58"	65"	60"	59"	62"	600	10	60		
3	卸车	终止时间	12'30"	26'01"	39'29"	53'00"	6'15"	19'28"	32'54"	46'12"	59'33"	12'58"	3376	10	337.6		
		延续时间	340"	335"	348"	341"	332"	333"	339"	343"	331"	334"					
4	空回	终止时间	13'25"	26'58"	40'25"	53'56"	7'10"	20'22"	33'49"	47'08"	0'30"	13'53"	556	10	55.6		
		延续时间	55"	57"	56"	56"	55"	54"	55"	56"	57"	55"					
合计															803.3		

2)测时法的观察次数

在对施工过程进行测时时,观测次数的多少直接影响测时资料的精确度。因此,如何确定必需的观察次数,是一个需要研究解决的问题。实践证明,在使用测时法时,尽管选择比较正常的施工条件,但所测得的时间数列中,各组成部分的延续时间总是不会完全相等。这种偏差主要是由于施工过程中各种因素共同作用造成的。因此,在测时过程中需要解决一个实际问题,就是每组观察对象中各组成部分应观察多少次才能取得比较准确的数值。一般来说,观察的次数越多,资料的准确性越高,但花费的时间和人力也多。为了确定必要而又能保证测时资料准确性的观察次数,表2-3 提供了测时所必需的观察次数,有关精确度的计算方法如下,可供测定过程中检查所测次数是否满足需要。表中稳定系数为:

$$K_p = \frac{t_{max}}{t_{min}} \quad (2-5)$$

式中:t_{max}——最大观测值;
t_{min}——最小观测值。

算术平均值精确度计算公式为:

$$E = \pm \frac{1}{\overline{X}} \sqrt{\frac{\sum \Delta^2}{n(n-1)}} \quad (2-6)$$

式中:E——算术平均值精确度;
$\overline{X}$——算术平均值;
n——观测次数;
Δ——每一次观测值与算术平均值的偏差。

$$\sum \Delta^2 = \sum (X_i - \overline{X})^2 \quad (2-7)$$

测时所必需的观察次数 表2-3

稳定系数 K_p	精确度要求 观测次数 算术平均值精确度 E				
	5%以内	7%以内	10%以内	15%以内	20%以内
1.5	9	6	5	5	5
2	16	11	7	5	5
2.5	23	15	10	6	5
3	30	18	12	8	6
4	39	25	15	10	7
5	47	31	19	11	8

【例2-1】 根据表2-1 所测数据,试计算该施工过程的算术平均值、算术平均值精确度和稳定系数,并判断观测次数是否满足要求。

解 (1)汽车式起重机(QY20 型)吊装预制涵板挂钩。

$$\overline{X} = \frac{1}{9}(31+32+33+32+30+33+33+33+32) = 32.1(s)$$

$$\sum \Delta^2 = (31-32.1)^2 + (32-32.1)^2 + (33-32.1)^2 + (32-32.1)^2 + (30-32.1)^2 +$$
$$(33-32.1)^2 + (33-32.1)^2 + (33-32.1)^2 + (32-32.1)^2 = 8.89(s^2)$$

$$E = \pm \frac{1}{32.1} \sqrt{\frac{8.89}{9(9-1)}} = \pm 1.09\%$$

$$K_p = \frac{33}{30} = 1.10$$

查表 2-3 可知,观测次数满足要求。

(2) 上升回转。

$$\overline{X} = \frac{1}{10}(84+83+82+86+83+84+85+82+82+86) = 83.7(\text{s})$$

$$\begin{aligned}\sum \Delta^2 &= (84-83.7)^2 + (83-83.7)^2 + (82-83.7)^2 + (86-83.7)^2 + (83-83.7)^2 + \\ &\quad (84-83.7)^2 + (85-83.7)^2 + (82-83.7)^2 + (82-83.7)^2 + (86-83.7)^2 \\ &= 22.1(\text{s}^2)\end{aligned}$$

$$E = \pm \frac{1}{83.7}\sqrt{\frac{22.1}{10(10-1)}} = \pm 0.59\%$$

$$K_p = \frac{86}{82} = 1.05$$

查表 2-3 可知,观测次数满足要求。

(3) 下落就位。

$$\overline{X} = \frac{1}{9}(56+54+55+57+51+56+57+56+54) = 55.8(\text{s})$$

$$\begin{aligned}\sum \Delta^2 &= (56-55.8)^2 + (54-55.8)^2 + (55-55.8)^2 + (57-55.8)^2 + (57-55.8)^2 + \\ &\quad (56-55.8)^2 + (57-55.8)^2 + (56-55.8)^2 + (54-55.8)^2 = 11.56(\text{s}^2)\end{aligned}$$

$$E = \pm \frac{1}{55.8}\sqrt{\frac{11.56}{9(9-1)}} = \pm 0.72\%$$

$$K_p = \frac{57}{54} = 1.06$$

查表 2-3 可知,观测次数满足要求。

(4) 脱钩。

$$\overline{X} = \frac{1}{10}(41+43+40+41+39+42+42+38+41+41) = 40.8(\text{s})$$

$$\begin{aligned}\sum \Delta^2 &= (41-40.8)^2 + (43-40.8)^2 + (40-40.8)^2 + (41-40.8)^2 + (39-40.8)^2 + \\ &\quad (42-40.8)^2 + (42-40.8)^2 + (38-40.8)^2 + (41-40.8)^2 + (41-40.8)^2 \\ &= 19.6(\text{s}^2)\end{aligned}$$

$$E = \pm \frac{1}{40.8}\sqrt{\frac{19.6}{10(10-1)}} = \pm 1.14\%$$

$$K_p = \frac{43}{38} = 1.13$$

查表 2-3 可知,观测次数满足要求。

(5) 空钩回转。

$$\overline{X} = \frac{1}{10}(50+49+48+49+51+50+50+48+49+48) = 49.2(\text{s})$$

$$\begin{aligned}\sum \Delta^2 &= (50-49.2)^2 + (49-49.2)^2 + (48-49.2)^2 + (49-49.2)^2 + (51-49.2)^2 + \\ &\quad (50-49.2)^2 + (50-49.2)^2 + (48-49.2)^2 + (49-49.2)^2 + (48-49.2)^2 \\ &= 9.6(\text{s}^2)\end{aligned}$$

$$E = \pm \frac{1}{49.2}\sqrt{\frac{9.6}{10(10-1)}} = \pm 0.66\%$$

$$K_p = \frac{51}{48} = 1.06$$

查表 2-3 可知,观测次数满足要求。

3)测时数据的整理

测时数据的整理,一般可采用算术平均法。为使算术平均值更加接近于各组成部分延续时间的正确值,对测时数列中个别延续时间误差较大数值,在整理测时数据时可进行必要的清理,删去那些显然是错误以及误差很大的数值。通过清理后所得出的算术平均值,通常称为算术平均修正值。

在清理测时数列时,应首先删掉完全是由于人为因素影响而出现的偏差,如工作时间闲谈,材料供应不及时造成的等候,测定人员记录时间的疏忽等,应全部予以删掉。其次,应去掉由于施工因素的影响而出现的偏差极大的延续时间。如挖掘机挖土时挖斗的边齿刮到大石块上等。此类误差大的数值还不能认为完全无用,可作为该项施工因素影响的资料,进行专门研究。

清理误差较大的数值时,不能单凭主观想象,也不能预先规定出偏差的百分比。为了妥善清理这些误差,可参照下列调整系数(表 2-4)和误差极限算式进行。

误差调整系数 K 值表　　　　　　　　　　　　　　　表 2-4

观察次数	调整系数	观察次数	调整系数
5	1.3	11～15	0.9
6	1.2	16～30	0.8
7～8	1.1	31～53	0.7
9～10	1	53 以上	0.6

误差极限算式为:

$$\lim e_{\max} = \overline{X} + K(t_{\max} - t_{\min}) \tag{2-8}$$

$$\lim e_{\min} = \overline{X} - K(t_{\max} - t_{\min}) \tag{2-9}$$

式中:$\lim e_{\max}$——根据误差理论得出的最大极限值;

$\lim e_{\min}$——根据误差理论得出的最小极限值;

K——调整系数,由表 2-4 查用。

清理的方法是,首先从数列中删去人为因素的影响而出现的误差极大的数值,然后根据保留下来的测时数列值,抽去误差极大的可疑数值,利用表 2-4 和极限算式求出最大极限或最小极限,最后再从数列中抽去最大或最小极限之外误差极大的可疑数值。

例如,从表 2-1 中第一道工序(挂钩)测时数列中的数值为 31、32、33、32、43、30、33、33、33、32。在这个数列中误差大的可疑数值为 43。根据上述方法,先抽去 43 这个数值,然后用极限算式计算其最大极限。计算过程如下:

$$\overline{X} = \frac{1}{9}(31+32+33+32+30+33+33+33+32) = 32.1(\text{s})$$

$$\lim e_{max} = \overline{X} + K(t_{max} - t_{min}) = 32.1 + 1.0 \times (33 - 30) = 35.1$$

由于 43 > 35.1，显然应该从数列中抽去可疑数值 43，所求算术平均修正值为 32.1。

如果一个测时数列中有两个误差大的可疑数值时，应从最大的一个数值开始连续校验（每次只能抽出一个数值）。测时数列中如果有两个以上可疑数值时，应予抛弃，重新进行观测。

测时数列经过整理后，将保留下来的数值计算出算术平均值，填入测时记录表的算术平均值栏内，作为该组成部分在相应条件下所确定的延续时间。测时记录表中的"时间总和"栏和"循环次数"栏，也应按清理后的合计数填入。

2. 写实记录法

写实记录法是以一个工人或一个工人小组为观察对象，实时观测、记录其工作时间消耗的一种工时测定方法。

写实记录法可用以研究各种性质的工作时间消耗，包括基本工作时间、辅助工作时间、不可避免的中断时间、准备与结束时间以及各种损失时间。通过写实记录可以获得分析工作时间消耗和制定定额时所必需的全部资料。这种测定方法比较简单，易于掌握，并能保证必需的精确度。因此，写实记录法在实际中得到广泛采用。

写实记录法分为个人写实和集体写实两种。由一个人单独操作和产品数量可单独计算时，采用个人写实记录。如果由小组集体操作，而产品数量又无法单独计算时，可采用集体写实记录。

1）写实记录法的种类

写实记录法按记录时间的方法不同可分为数示法、图示法和混合法三种。

（1）数示法写实记录。数示法的特征是用数字记录工时消耗，是三种写实记录法中精确度较高的一种，可以同时对两个工人进行观察，适用于组成部分较少而比较稳定的施工过程。记录时间的精确度达 5s。数示法用来对整个工作班或半个工作班进行长时间观察，因此能反映工人或机器工作日全部情况（表 2-5）。

填表方法如下：

先将拟定好的所测施工过程的全部组成部分，按其操作的先后顺序填写在第（2）栏中，并将各组成部分依次编号填入第（1）栏。

第（4）栏中，填写工作时间消耗组成部分序号，其序号应根据第（1）栏和第（2）栏填写，测定一个填写一个。如测定一个工人的工作时间，应将测定的结果先填入第（4）~（8）栏，如同时测定两个工人的工作时间，测定结果应分别填入第（4）~（8）栏和第（9）~（13）栏。

第（5）栏，填写终止时间。测定开始时，将开始时间填入此栏第（1）行，在组成部分序号栏即第（4）栏里画"×"符号以示区别，其余各行填写各组成部分的结束时间。

第（6）栏应在观察结束之后填写。将某一部分的结束时间减去前一组成部分的结束时间即可得该组成部分的延续时间。

第（7）栏中，可跟划分测定施工过程的组成部分将实际完成的产品数量按照选定的计量单位填入。如有的组成部分难以计算产量时，可不填写。

第（8）栏为附注栏，填写工作中产生的各种影响因素和各组成部分内容的必要说明等。

计算第（6）栏的各组成部分的延续时间，然后计算各组成部分延续时间的合计，填入第

(3)栏。

观察结束后,应详细测量或计算最终完成产品数量,填入数示法写实记录表中第一页附注栏中。对所测定的原始记录应分页进行整理。各页原始记录整理完毕后,应检查第(3)栏的时间总计是否与第(6)栏的总计相等。

数示法写实记录表 表 2-5

过程名称	双轮车运土方(运距 200m)		施工单位	工地名称	日期	开始时间	终止时间	延续时间	观察号次	页次
观察精度:1s			××路桥工程公司	××公路××标段	2010 年 6 月 8 日	8:00	12:00	4h	2	2/5

序号	各组成部分名称	观察对象的时间消耗量	观察对象:工人甲 组成部分序号	终止时间 时分	终止时间 秒	延续时间 分	延续时间 秒	产品数量	附注	观察对象:工人乙 组成部分序号	终止时间 时分	终止时间 秒	延续时间 分	延续时间 秒	产品数量	附注
(1)	(2)	(3)	(4)	(5)		(6)		(7)	(8)	(9)	(10)		(11)		(12)	(13)
1	装土	29′35″	(开始)	8:33	00					1	9:16	50	3	40	0.288m³	
2	运输	21′26″	1	8:35	50	2	50	0.288m³		2	9:19	10	2	20	1 次	
3	卸土	8′59″	2	8:39	00	3	10	1 次		3	9:20	10	1	00	0.288m³	
4	空返	18′5″	3	8:40	20	1	20	0.288m³		4	9:22	30	2	20	1 次	
5	等候装土	2′5″	4	8:43	00	2	40	1 次		1	9:26	30	4	00	0.288m³	
6	喝水	1′30″	1	8:46	30	3	30	0.288m³		2	9:29	00	2	30	1 次	
			2	8:49	00	2	30	1 次	甲共运土 4 车,每车容积 0.288m³,共运 0.288m³×4 = 1.152m³	3	9:30	00	1	00	0.288m³	乙共运土 4 车,每车容积 0.288m³,共运 0.288m³×4 = 1.152m³
			3	8:50	00	1	00	0.288m³		4	9:32	50	2	50	1 次	
			4	8:52	30	2	30	1 次		5	9:34	55	2	05	1 次	
			1	8:56	40	4	10	0.288m³		1	9:38	50	3	55	0.288m³	
			2	8:59	10	2	30	1 次		2	9:41	56	3	06	1 次	
			3	9:00	20	1	10	0.288m³		3	9:43	20	1	24	0.288m³	
			4	9:03	10	2	50	1 次		4	9:45	50	2	30	1 次	
			1	9:06	50	3	40	0.288m³		1	9:49	40	3	50	0.288m³	
			2	9:09	40	2	50	1 次		2	9:52	10	2	30	1 次	
			3	9:10	45	1	05	0.288m³		3	9:53	10	1	00	0.288m³	
			4	9:13	10	2	25	1 次		4	9:54	40	1	30	1 次	
总计		81′40″				40	10						41	30		

观察者: 复核者:

(2)图示法写实记录。图示法写实记录是在规定格式的图表上用时间进度线条表示工时消耗量的一种记录方式,精确度可达 30s,可同时对 3 个以内的工人进行观察。这种方法的主要优点是记录简单,时间一目了然,原始记录整理方便(表 2-6)。

表中划分为许多小格,每格为 1min,每张表可记录 1h 的时间消耗。为了记录时间方便,第 5 个小格和第 10 个小格处都有长线和数字标记。

图示法写实记录表

表 2-6

工地名称	501 工地	开始时间	8:30	持续时间	60min	调查次号	2
施工单位	××路桥公司	结束时间	9:30	记录日期	2012.4.12	页号	1/1
施工过程	砌1砖厚单面清水墙	观察对象		张××(四级工)、李××(四级工)、王××(三级工)			

序号	各组成部分名称	观察时间 (min) 5–60	时间合计 (min)	产品数量
1	准备		10	砌筑墙体体积共 8.5m³
2	拉线		10	
3	铺灰砌砖		136	
4	浇水		7	
5	摆放钢筋		9	
6	帮普工搬砖		5	
7	等待水泥砂浆		3	
	合计		180	

表中"号次"及"各组成部分名称"栏应在实际测定过程中,按所测施工过程的组成部分出现的先后顺序随时填写,这样便于线段连接。

记录时间时用铅笔在各组成部分对应的横行中画直线段,每个工人一条线,每一线段的始端和末端应与该组成部分的开始时间和结束时间相吻合。工作1min,直线段延伸一小格。测定两个以上的工人工作时,最好使用不同颜色的铅笔,以区分各个工人的线段。当工人的操作由一组成部分转入另一组成部分时,时间线段就应随之改变位置,并应将前一线段的末端画一垂直线段与后一线段的始端相连接。

"产品数量"栏,按各组成部分的计量单位和所完成的产量填写,如个别组成部分完成的产量无法计算或无实际意义者,可不填写。最终产品数量应在观察完结之后,查点或测量清楚,填写在图示法写实记录表第1页附注栏中。

"附注"栏,应简明扼要地说明有关影响因素和造成非定额时间的原因。

"时间合计"栏,在观察结束之后,及时将每一个组成部分所消耗的时间合计后填入。最后将各组成部分所消耗的时间相加后,填入"总计"栏中。

(3)混合法写实记录。混合法写实记录吸取数示法写实记录和图示法写实记录两种方法的优点,以图示法写实记录中的时间进度线条表示工序的延续时间,在进度线的上部加写数字表示各时间区段的工人数。混合法写实记录适用于3个以上工人工作时间的集体写实记录(表2-7)。

表2-7中"号次"和"各组成部分名称"栏的填写与图示法相同。所测施工过程各组成部分的延续时间,用相应的直线段表示,完成该组成部分的工人人数用数字填写在其时间线段的始端上面。当一组成部分的工人人数发生变动时,应立即将变动后的人数填写在变动处。同时,还应注意,当一个组成部分的工人人数有所变动时,必然要引起另一组成部分或数个组成部分中工人人数的变动。因此,在观察过程中,应随时核对各组成部分在同一个时间内的工人人数是否等于观察的总人数,如发现人数不符合应立即纠正。

混合法记录时间,不论测定多少工人工作,在所测施工过程各组成部分的时间栏里只用一条直线段表示,当工人由一组成部分转向另一组成部分时,不做垂直线连接。

"产品数量"和"附注"栏的填写方法与图示法相同。

混合法写实记录表整理时,应将所测施工过程同一组成部分中各个线段的时间分别计算出来(将工人人数与他们工作的时间相乘),然后将所得各值相加,即可得出完成某一组成部分的时间消耗合计,填入"时间合计"栏里。最后将各组成部分时间合计相加后,填入"总计"栏中。

2)写实记录法的延续时间

与确定测时法的观察次数相同,为保证写实记录法的数据可靠性,需要确定写实记录法的延续时间。延续时间的确定,是指在采用写实记录法中用任何一种方法进行测定时,对每个被测施工过程或同时测定两个以上施工过程所需的总延续时间的确定。

延续时间的确定,应立足于既不用消耗过多的观察时间,又能得到比较可靠和准确的结果。同时,还必须注意:所测施工过程的广泛性和经济价值;已经达到的功效水平的稳定程度;同时测定不同类型施工过程的数目;被测定的工人人数以及测定完成产品的可能次数等。写实记录法所需的延续时间如表2-8所示,必须同时满足表中三项要求,如其中任一项达不到最低要求,均应酌情增加延续时间。

混合法写实记录表

表 2-7

工地名称	104工地	开始时间	8:00	连续时间	1h	调查次号	
施工单位	某路桥公司	结束时间	9:00	记录时间	8:24	页次	
施工过程	浇捣混凝土	观察对象		四级工:3人	三级工:3人		

号次	各组成部分名称	时间(t)												时间合计(min)	产品数量	附注
		5	10	15	20	25	30	35	40	45	50	55	60			1.85m³
1	散锹	2	1 2	2 1		2				1	1		2	81		
2	捣固	4	2 4	2 1	2	4		3 4	3 4	2 1	1	4	2	140		
3	转移		4 3	5 1 3	4 6					3 5 6 4	6 5	1 3	2 1	118		
4	等混凝土			1				1	1		1		1	11		
5	其他工作													10		
														360		

46

写实记录法确定延续时间 表 2-8

序号	项目	同时测定施工过程的类型数	测定对象		
			单人的	集体的	
				2~3人	4人以上
1	被测定的个人或小组的最低数	任一数	3人	3个小组	2个小组
2	测定总延续时间的最小值(h)	1	16	12	8
		2	23	18	12
		3	28	21	24
3	测定完成产品的最低次数	1	4	4	4
		2	6	6	6
		3	7	7	7

3）汇总整理

汇总整理就是将写实记录法所取得的若干原始记录表记载的工作时间消耗和完成产品数量进行汇总，并根据调查的有关影响因素加以分析研究，调查各组成部分不合理的时间消耗，最后确定出单位产品所必需的时间消耗量。这是技术测定过程中很重要的环节，搞好汇总整理，才能完成对这一施工过程的技术测定。

3. 工作日写实法

工作日写实法是一种研究整个工作班内的各种工时消耗的方法。工作日写实法就是对工人在整个工作日中的工时利用情况，按照时间消耗的顺序进行实地观察、记录和分析研究的一种测定方法。

运用工作日写实法主要有两个目的：一是取得编制定额的基础资料；二是检查定额的执行情况，找出缺点，改进工作。当用于第一个目的时，通过工作日写实法的结果获得观察对象在工作班内工时消耗的全部情况以及产品数量和影响工时消耗的影响因素。其中，工时消耗应该按工时消耗的性质分类记录。在这种情况下，通常需要测定 3~4 次。当用于第二个目的时，通过工作日写实法应该做到：查明工时损失量和引起工时损失的原因，制订消除工时损失、改善劳动组织和工作地点组织的措施，查明熟练工人是否能发挥自己的专长，确定合理的小组编制和合理的小组分工；确定机器在时间利用和生产率方面的情况，找出使用不当的原因，定出改善机器使用情况的技术组织措施，计算工人或机器完成定额的实际百分比和可能百分比。在这种情况下，通常需要测定 1~3 次。

工作日写实法侧重于研究工作日的工时利用情况，总结推广先进生产者或先进班组的工时利用经验，同时还可以为制定劳动定额提供必需的准备与结束时间、休息时间和不可避免的中断时间的资料。采用工作日写实法，在详细调查工时利用情况的基础上，分析哪些时间消耗对生产是有效的，哪些时间消耗是无效的，找出工时损失的原因，拟定改进的技术和组织措施，消除引起工时损失的因素，促进劳动生产效率的提高。采用工作日写实法研究工时利用的情况，是基层管理工作中挖潜力、反浪费，达到增产节约的一项有效措施。

根据写实对象不同，工作日写实法可分为个人工作日写实、小组工作日写实和机械工作日写实等三种。个人工作日写实是测定一个工人在工作日内的工时消耗，这种方法最为常用。

小组工作日写实是测定一个小组的工人在工作日内的工作消耗，它可以是相同工种的工人，也可以是不同工种的工人。前者是为了取得确定小组定员和改善劳动组织的资料。机械工作日写实是测定某一机械在一个台班内机械效能发挥的程度,以及配合工作的劳动组织是否合理,其目的在于最大限度地发挥机械的效能。

工作日写实法与测时法、写实记录法比较,具有技术简便、费力不多、应用面广和资料全面的优点,是一种在我国采用较广的编制定额的方法。

工作日写实法,利用写实记录表记录观察资料。记录时间时不需要将有效工作时间分为各个组成部分,只需划分适合于技术水平和不适合于技术水平两类,但是工时消耗还需按性质分类记录。

1)工作日写实法的基本要求

(1)因素登记。

由于工作日写实法主要是研究工时利用和损失时间,不按工序研究基本工作时间和辅助工作时间的消耗,因此,在填写因素登记表时,对施工过程的组织和技术说明可简明扼要,不予详述。

(2)时间记录。

个人工作日写实多采用图示法,小组工作日写实多采用混合法,机械工作日写实多采用混合法或数示法。

(3)延续时间。

工作日写实法以一个工作日为准,如其完成产品时间消耗大于8h,则应酌情延长观察时间。

2)工作日写实结果的整理

采用专门的工作日写实结果记录表,见表2-9。

工作日写实结果记录表 表2-9

施工单位名称	测定日期	延续时间	调查号次	页次
×××公司	2005年8月3日	11.03h	1	2
施工过程名称		现浇混凝土基础模板安装		
序号	工时消耗分类	时间消耗(min)	百分比(%)	施工过程中的问题与建议
	Ⅰ.定额时间			
1	基本工作时间:适用于技术水平的	1313	66.1	本资料造成非定额时间的原因主要有:
2	不适用于技术水平的	—	—	1.劳动组织不合理,在实际工作中经常出现一人等工的现象;
3	辅助工作时间	110	5.54	2.等材料,上班后领料时未找到材料员而造成停工;
4	准备与结束时间	16	0.81	3.产品不符合要求,返工;由于技术要求不严格,工人对产品规模要求不清楚,结果造成返工;
5	休息时间	11	0.54	4.违反劳动纪律,主要是上班迟到和工作时间聊天。
6	不可避免的中断时间	8	0.41	建议:
7	合计	1458	73.41	切实加强施工管理工作,班前要认真做好技术交底,职能人员要坚守工作岗位,保证材料及时供应,并应预先办好领料手续,提前领料,科学地按定额规定安排劳动力,加强劳动纪律教育,按时上班,集中思想工作。
	Ⅱ.非定额时间			
8	由于劳动组织不当而停工	32	1.60	
9	由于缺乏材料而停工	214	10.78	
10	由于工作地点未准备好而停工	—	—	
11	由于机具设备不正常而停工	—	—	
12	由于产品质量不合格而返工	158	7.96	
13	偶然停工(包括停电、水、暴风雨)	—	—	经认真改善后,劳动效率可提高27%左右。
14	违反劳动纪律	124	6.25	

续上表

施工单位名称	测定日期	延续时间	调查号次	页次
×××公司	2005年8月3日	11.03h	1	2
施工过程名称		现浇混凝土基础模板安装		

序号	工时消耗分类	时间消耗(min)	百分比(%)	施工过程中的问题与建议
15	其他损失时间	—	—	
16	合计	528	26.59	
17	时间消耗总计	1986	100.00	

完成定额情况			
定额编写	8-4-45	完成产品数量	38.98m³
	定额	0.08 工日/m³	
	总计	3.12 工日	
完成定额情况	实际:(3.12×60×8)/1986×100% =75.4%		
	可能:(3.12×60×8)/1458×100% =102.7%		

3）工作日写实结果汇总

工作日写实结果汇总，应按实际需要进行，见表2-10。

工作日写实结果汇总表　　　　　　　表2-10

施工单位名称	×××公司三处				工种	木工	
测定日期	2005年8月3日	2005年8月7日	2005年8月10日	2005年8月15日	加权平均值	备注	
延续时间	11.03h	9.5h	8.5h	8h			
工作名称	现浇混凝土基础模板安装						
班(组)长姓名	赵××	潘××	朱××	李××			
班(组)人数	3个	2人	3人	4人			
序号	工时消耗分类		时间消耗百分比(%)				
	Ⅰ.定额时间						
1	基本工作时间:适用于技术水平的	66.10	75.91	62.80	91.22	75.28	
2	不适用于技术水平的	—	—	—	—	—	
3	辅助工作时间	5.54	1.88	2.35	1.48	2.78	
4	准备与结束时间	0.81	1.90	2.60	0.56	1.36	
5	休息时间	0.54	3.77	2.98	4.18	2.91	
6	不可避免的中断时间	0.41	—	—	—	0.10	
7	合计	73.41	83.46	70.73	97.44	82.43	
	Ⅱ.非定额时间						
8	由于劳动组织不当而停工	1.60	7.74	—	—	1.69	
9	由于缺乏材料而停工	10.78	—	12.4	—	5.79	
10	由于工作地点未准备好而停工	—	3.52	5.91	—	2.07	
11	由于机具设备不正常而停工	—	—	—	—	—	
12	偶然停工(包括停电、水、暴风雨)	—	—	3.24	—	0.81	

续上表

序号	工时消耗分类	时间消耗百分比				
13	产品质量不符,返工	7.96	5.28	—	1.60	3.40
14	违反劳动纪律	6.25	—	7.72	0.96	3.81
15	其他损失时间	—	—	—	—	—
16	合计	26.59	16.54	29.27	2.56	17.57
17	时间消耗总计	100.00	100.00	100.00	100.00	100.00
完成定额百分比(%)	实际(包括损失)	75.4	112	84	123	99.67
	可能(不包括损失)	102.7	129	118	126	118.75

上述介绍了计时观察的主要方法。在实际工作中,有时为了减少测时工作量,往往采取某些简化的方法。这在制订一些次要的、补充的和一次性定额时,是可取的。在查明大幅度超额和完不成定额的原因时,采取简化方法也比较经济。简化的最主要途径是合并组成部分的项目。例如,把施工过程的组成部分简化为:有效工作、休息、不可避免中断和损失时间四项。至于孰细孰粗,则根据实际需要来决定。

能力训练

思考题

1. 施工过程可以分解成几个部分?
2. 工作时间包括几大部分?每部分包括哪些内容?
3. 计时观察法包括哪些具体的方法?每种方法的特点是什么?
4. 简述测时法的步骤。
5. 按记录时间的方法不同,写实法可以分为哪几种?
6. 简述工作日写实法的特点。

项目三　施工定额的编制与运用

【概述】　施工定额是施工企业内部的管理定额,是根据公路专业施工的作业对象和工艺制定的,并按照一定程序颁发执行的。本项目重点介绍施工定额的性质和作用、施工定额中劳动定额、材料消耗定额、机械台班定额的编制方法,以及施工定额的组成和应用方法。

任务一　认识施工定额

学习目标

(1) 施工定额的概念、性质和作用;
(2) 施工定额的编制原则和依据。

任务描述

本任务要求学生掌握施工定额的性质和作用,以及施工定额的编制依据和原则,为后续任务中学习施工定额的编制方法奠定理论基础。

相关知识

一、施工定额的性质和作用

公路工程施工定额(以下简称施工定额)是公路行业的建筑安装工人或施工小组,在合理的劳动组织和正常施工条件下,完成单位合格产品的劳动力、材料和机械消耗的数量标准。它是根据公路专业施工的作业对象和工艺制定的,并按照一定程序颁发执行的。施工定额要反映企业的施工水平、装备水平和管理水平,是考核公路建筑施工企业劳动生产率水平、管理水平的尺度和确定工程成本、投标报价的依据,也是编制公路工程预算定额的基础。

施工定额是企业内部管理的定额,应由各施工企业自行编制、颁发和执行。但是,由于种种原因,目前很多公路施工企业都没有编制系统的本企业的施工定额,这显然不利于企业管理水平和市场竞争力的提高。

交通运输部公路工程定额站为了获取编制预算定额的基础数据,通过调查研究及综合分析各省、自治区、直辖市交通运输厅(局、委员会)及部分大型公路施工企业提供的公路工程施工定额资料,并参照其他有关部门的劳动定额编制出《公路工程施工定额》(2009 版)。

(一)施工定额的性质

施工定额是施工企业内部的管理定额,属于企业定额性质,它的作用范围局限于施工企业内部的经营、组织施工的管理行为。正确认识施工定额的这一性质,把施工定额与其他定额从性质上区分开来是非常必要的。施工定额涉及企业内部管理的方方面面,包括企业生产经营活动的计划、组织、协调、控制和指挥等各个环节,并在一定程度上反映出企业的素质和活力。

随着经济体制改革的深化,公路建筑施工企业进入了建筑大市场,成为公路建设市场的主体,不再由行政计划来分配生产任务和建设项目,因此施工企业就必须面对业已开放的瞬息万变和激烈竞争的市场;国有建筑企业已经逐渐失去原有的获得分配施工任务的优越地位,要和参与市场竞争的许多国有的、集体的和国外的建筑企业,以及数目众多的农村建筑施工队和私营包工队一起竞争施工项目。这就要求施工企业能够自负盈亏、独立经营,成为从事物质生产活动的具有法人资格的经济实体。能够自主地选择和接受施工任务,独立地组织生产经营活动;组织原材料、施工机械和劳动力的供应;合理地支配自有的固定资金和流动资金进行独立的经济核算和成本控制,努力地获取盈利。所以,改革放开了企业的手脚,给企业带来了各种机遇。但同时也给企业造成了很大的压力,它必须通过自己的努力在市场竞争中求生存和求发展。面临这种形势,施工企业必须通过加强企业管理、提高企业素质、降低劳动消耗、控制成本开支、提高劳动生产率和企业经济效益的有效手段,来谋求自身的利益和发展。施工定额则是上述各项措施在数量上的反映。加强施工定额的管理,就成为企业的内在要求和必然的发展趋势,而不再是国家、部门、地区从外部强加给企业的压力和约束。

施工定额的这种企业定额的性质,要求准确地赋予施工企业以施工定额的管理权限。其中,包括编制和颁发施工定额的权限。企业应该能够根据自身的具体条件和可能挖掘的潜力,根据市场的需求和竞争环境,以及国家有关政策、法律和规范、制度,自己编制定额,自行决定定额的水平,并应高于国家定额水平。允许同类企业和同一地区企业之间存在施工定额水平的差距,这样在市场上才能形成竞争;甚至允许企业就施工定额的水平对外作为商业秘密进行保密。

把施工定额作为企业定额,不等于取消国家定额和地区定额。这些定额不再是强加给企业的约束和指令,而是对企业的施工定额管理进行引导,为企业提供参数和指导,以实现对工程造价的宏观调控。

(二)施工定额的作用

施工定额是公路建设和施工企业管理工作的基础,也是工程建设定额体系中各类定额的基础。其基础作用主要表现在以下几个方面:

1. 施工定额是企业计划管理工作的依据

施工定额在企业计划管理方面的作用,表现在它既是企业编制施工组织设计的依据,也是企业编制施工作业计划的依据。

施工组织设计是指导拟建工程进行施工准备和施工生产的技术经济文件。施工企业在争取建设项目之前或取得建设项目后,应根据招标文件及合同协议的规定,制订施工组织设计方案或实施性施工组织设计。在文件中确定经济合理、技术先进的施工方案;在人力和物力、时间和空间、技术和组织上,对建设项目做出最佳的安排。施工作业计划则是根据企业的施工计划、拟建工程的施工组织设计和现场实际情况编制的,它是一个以实现企业施工计划为目的的施工队、班组的具体执行计划。它综合体现了企业生产计划、施工进度计划和现场实际情况的要求,是组织和指挥生产的技术文件,也是工程队、班组进行施工作业的依据。因此,施工组织设计和施工作业计划是企业计划管理中不可缺少的环节。这些计划的编制必须依据施工定额。

施工设计包括施工组织设计、年度施工组织设计、季节性施工组织设计以及单位工程施工设计。各类施工设计一般包括三部分内容,即所建工程的资源需用量、使用这些资源的最佳时间安排和平面规划。不言而喻,确定所建工程的资源需要量,要依据现行的施工定额;施工中实物工作量的计算,要以施工定额的分项和计量单位为依据;排列施工进度计划同样也要依据施工定额对施工力量(劳动力和施工机械)进行计算。

施工作业计划,无论是月作业计划还是旬作业计划,一般包括本月(旬)应完成的施工任务,劳动力、机械、材料消耗,提高劳动生产率和节约措施计划。这些都是以施工定额提供的数据为依据的。

2. 施工定额是组织和指挥施工生产的必备工具

企业组织和指挥施工队、班组进行施工,是按照作业计划通过下达施工任务书(单)和限额领料单来实现的。

施工任务书(单),既是下达施工任务的技术文件,也是队、班组经济核算的原始凭证。它列出了应完成的施工任务,也记录着实际完成任务的情况,且可据以进行班组工人的工资结算。其中包括工程名称、工作内容、质量要求、开工和竣工日期、计划用工量、实物工程量、定额指标、计件单价和工人平均用工等级等内容;以及实际完成任务情况的记录和工资结算,实际开、竣工日期,完成实物工程量,实用工日数,实际平均技术等级,完成工程的工资额,工人工时记录和每人工资分配额等。以上各类数据的计算依据需取自施工定额。

限额领料单是施工队、班组随同施工任务书同时签发的领用材料的凭证。这一凭证是依据施工任务量和施工的材料定额计算后填写的。其中领料的数量,是班组完成任务量消耗材料的最高限额,这一限额也是衡量班组完成任务情况的一项重要指标。

3. 施工定额是计算工人劳动报酬的根据

施工企业的分配原则是以按"劳"分配为主。所谓"劳"是指劳动的数量和质量,劳动的成果和效益。施工定额是衡量工人劳动数量和质量、产出的成果和效益的标准。所以,施工定额应是计算人工计件工资的基础,也应是计算奖励工资的依据。这样才能做到完成定额好,工资报酬就多,达不到定额,工资报酬会相应减少,真正实现多劳多得、少劳少得的社会主义的分配原则。把工人的劳动成果和个人分配多少紧密结合起来,对于打破企业内部分配大锅饭,调动生产积极性具有十分现实的意义。

4. 施工定额是企业激励工人的条件

现代管理学认为,激励是实现企业管理目标的重要手段。所谓激励,就是通过影响人们的内在需求或动机,从而加强、引导和维持行为的活动或过程。行为学认为激励就是利用某种有效手段或方法调动人的积极性的过程。因此施工企业通过采取某些措施,可以激发和鼓励企业员工在工作中的积极性和创造性。行为科学者研究表明,如果职工受到充分的激励,其能力可发挥 80%~90%;如果缺少激励,仅仅能够发挥出 20%~30% 的能力。但激励只有在满足人们某种需要的情形才能起到作用。按照美国社会心理学家亚伯拉罕·马斯洛(Ahram Maslow)提出的需要层次论(Hierarchy of Needs Theory)所描述的"需要层次",施工定额可以对工人的生活需要、自尊需要和自我实现需要的满足起到直接激励作用。对于安全与社交方面的需要的满足也间接地起到激励作用。工人在完成和超额完成了定额后,不仅能获取更多的工资报酬以满足生活需要,而且也能满足自尊以获取他人(社会)认同的需要,并且进一步满足尽可能发挥个人潜力以实现自我价值的需要。如果没有施工定额这种标准尺度,实现以上几个方向的激励就缺少必要的手段。

5. 施工定额是衡量企业生产水平和技术先进水平的标准

企业通过加强管理,采取有效措施激发和鼓励职工在工作中的积极性和创造性,使生产力能得到充分的发挥,以提高自己的生产能力,使企业能在市场竞争的环境中取得优势。

工程建设定额是指工程建设中单位产品上人工、材料、机械、资金消耗的规定额度,属于生产消费定额的性质。这种规定的量的额度所反映的是在一定的社会生产力发展水平的条件下,完成工程建设中的某项产品与各种生产消费之间特定的数量关系,表现出一种社会消耗的平均水平。施工定额的企业性质不但能反映出企业之间的生产水平,即不同企业完成相同单位产品而在人工、材料、机械、资金等要素消耗的差异,对同一企业则可以反映出企业生产水平的进步。这样,施工定额就成了衡量企业生产水平的尺度。

施工定额水平中包含着某些已成熟的、先进的施工技术和经验,工人要达到或超过定额标准,就必须掌握和运用这些先进技术;如果工人要想大幅度地超过定额,就必须进行创造性的劳动。这类创造性可能是在自己的工作中注意改进工具和改进工艺操作方法,注意节省原材料,避免原材料和能源的浪费;或者是在施工中推广先进技术,贯彻实行施工定额中明确要求采用的某些较先进的施工工具和施工方法。企业或主管部门为了推行施工定额,达到或超过定额水平,更加努力组织技术培训、普及先进技术和先进的操作方法。所以说,施工定额又是企业推广先进技术、衡量企业技术水平的标准。

6. 施工定额是编制施工预算、加强企业成本管理和经济核算的基础

施工预算是施工单位用以确定单位工程人工、机械、材料和资金需要量的计划文件。施工预算以施工定额为编制基础,既要反映设计图纸的要求,也要考虑施工企业的生产水平和在现有条件下可能采取的节约人工、材料和降低成本的各项具体措施。这就能够更合理地组织施工生产,有效地控制施工中人力、物力消耗,节约成本开支。施工中人工、机械和材料的费用,是构成工程成本中直接工程费的主要内容,对间接费用的开支也有着很大的影响。严格执行施工定额,不仅可以起到控制成本、降低费用开支的作用,同时为企业贯彻经济核算制、加强班组核算和增加盈利,创造了良好的条件。

由此可见,施工定额在建筑安装企业管理的各个环节中都是不可缺少的,施工定额管理是企业的基础性工作,具有不容忽视的作用。

7. 施工定额是编制工程建设定额体系的基础

施工定额在工程建设定额体系中的基础作用,是由施工定额作为生产定额的基本性质决定的。施工定额和生产结合最紧密,它直接反映生产技术水平和管理水平,而其他各类定额则是在较高的层次上、较大的跨度上反映社会生产力水平。尽管这些定额有更大的综合性和覆盖面,但它们都不能脱离施工定额所直接反映的生产技术水平和管理水平。

施工定额作为工程建设定额体系中的基础性定额,是确定概、预算定额和指标消耗水平的基础。

首先它是确定建筑安装工程预算定额水平的基础。以施工定额水平作为预算定额水平的计算基础,可以免除测定定额水平的大量繁杂工作,缩短工作周期,使预算定额与实际的生产和经营管理水平相适应,并能保证施工中的人力、物力消耗得到合理的补偿。即使确定预算定

额水平不是直接以施工定额为计算依据,这种关系也不会发生根本性变化。因为,如果预算定额不是直接以施工定额作为计算依据,而是以历史的、典型的工程预、决算资料为计算依据,则只能作为补充或者在原有的预算定额的基础上进行修正和调整。在这种情况下,施工定额仍然是决定预算定额水平的客观基础。对于其他各种定额来说,施工定额则是它们的间接基础。

二、施工定额的编制原则和依据

(一)编制原则

1. 平均先进性的编制原则

定额水平,是指规定消耗在单位产品上的劳动、机械和材料数量的多寡。也可以说,它是按照一定施工程序和工艺条件下规定的施工生产中活劳动和物化劳动的消耗水平。

所谓平均先进水平,就是在正常的施工条件下,大多数施工队组和大多数生产者(通常指60%~80%)目前不具备,但经过一段时间努力改进后能够达到和超过的水平。一般说它应低于先进水平,而略高于平均水平。这种水平使先进者感到一定的压力,使处于中间水平的工人感到定额水平可望可及,对于落后工人不迁就,使他们认识到必须花大力气去改善施工条件,提高技术操作水平,珍惜劳动时间,节约材料消耗,尽快达到定额水平。所以,平均先进水平是一种可以鼓励先进、勉励中间、鞭策落后的定额水平,是编制施工定额的理想水平。

在单一计划经济的模式下,贯彻平均先进性原则,是国家和各级政府机关以行政力量给予施工企业和建筑安装工人的约束和引导。在市场经济条件下,施工定额贯彻平均先进性原则,已成为企业自身的迫切要求。

施工定额的水平应直接反映劳动生产率水平,也反映劳动和物质消耗水平。施工定额水平和劳动生产率水平变动的方向是一致的,与劳动与物质消耗水平的变动则呈反方向。也就是说,劳动生产率水平越高,施工定额水平也越高;而劳动和物质资料消耗数量越多,则施工定额水平越低。在定额执行期内,随技术发展和定额对社会劳动生产率的不断促进,二者相吻合的程度就会逐渐发生变化,差距会越来越大。定额水平已不能促进施工生产和企业管理时,应修订,以使二者达到新的平衡。

2. 简明适用性的编制原则

简明适用,就是定额的内容和形式要方便于定额的贯彻和执行。简明适用性原则,要求施工定额内容要能满足组织施工生产和计算工人劳动报酬等多种需要。同时,又要简单明了,容易掌握,便于查阅、计算和携带。

定额的简明性和适用性,是既有联系、又有区别的两个方面,编制施工定额时应全面加以贯彻。当二者发生矛盾时,定额的简明性应服从适应性的要求。

贯彻定额的简明适用性原则,关键是做到定额项目设置齐全,项目划分粗细适当。定额项目的设置是否齐全完备,对定额的适用性影响很大。划分施工定额项目的基础,是工作过程或施工工序。不同性质、不同类型的工作过程或工序,都应分别反映在各个施工定额的项目中。即使是次要的,也应在说明、备注和系数中反映出来,这样才能在需要时能够利用。如果施工定额项目不全,企业或现场的补充定额就会大量出现。这不仅不利于加强管理,而且由于补充定额编制仓促,难以完全排除许多人为因素影响,很容易产生降低定额水平的情况。

为了保证定额项目齐全,首先要加强定额基础资料的日常积累和调查研究,尤其应注意收集和分析整理各项补充定额资料。其次,注意补充反映新结构、新材料、新技术的定额项目。第三,处理淘汰定额项目,要持慎重态度。

定额项目划分的粗细程度,是编制定额时必须做出决策的重要考量之一。施工定额的粗细程度,要满足以下要求:

(1)适应劳动组织和劳动分工的要求;
(2)建立班组核算和经济责任制的要求;
(3)考核班组和个人生产成果、计算劳动报酬的要求;
(4)简化计算工作的要求。

定额项目划分的粗细同定额步距的大小关系甚大。所谓定额步距,是指同类一组定额相互之间的间隔。如回旋钻机成孔的一组定额,其步距可以按成孔直径100cm、150cm、200cm、250cm、300cm、350cm等确定。这样,步距就保持在50cm,但也可以将步距适当扩大,将步距保持在100cm左右。显然,步距小定额细,精确度较高;而步距大则定额粗,综合程度大,精确度就会降低。为了使定额项目划分和步距合理,常用的、主要的、对工料消耗影响大的定额项目,步距要小一些;不常用的、次要的、对工料消耗影响小的定额项目,步距可以大一些。

在贯彻简明适用性原则时,应正确选择产品和材料的计量单位,适当利用系数,辅以必要的说明和附注。

总之,贯彻简明适用性原则,要努力使施工定额达到项目齐全、粗细恰当、步距合理的效果。

3. 以专家为主的编制原则

编制施工定额,是一项技术性和政策性很强的工作,需要对项目进行大量现场测定和数据整理、分析,业务要求较高,工作周期长,所以要以专家为主,这是实践经验的总结。这就要求有一支经验丰富、技术与管理知识全面、有一定政策把控水平的稳定的专家队伍。

贯彻这项原则,必须做到以下两点:第一,必须保持队伍的稳定,有了稳定的队伍,才能积累资料、积累经验,保证编制施工定额的延续性;第二,必须注意培训专业人才,使他们既有施工技术、施工管理知识和实践经验,具有编制定额的工作能力,又懂得国家技术经济政策和联系工人群众的工作作风。

贯彻以专家为主编制施工定额的原则,必须注意走群众路线。因为广大建筑安装工人群众既是执行定额的主体,又是测定定额的对象。他们对施工生产中实际发生的各种消耗量最了解,对定额执行情况和其中的问题最清楚。所以,在编制定额过程中要注意征求他们的意见,要虚心向他们求教。同时也要向他们宣传编制施工定额的必要性和意义,教育他们用主人翁的态度正确处理好个人和企业利益的关系,以取得工人群众的支持和配合。尤其是在现场观测和组织新定额试点时,这一点非常重要。

4. 独立自主的原则

施工企业作为具有独立法人地位的经济实体,是施工定额的最终贯彻者和最大受益者,应根据企业的具体情况和需要,结合国家的技术经济政策和产业导向,以盈利为目标,自主地制定施工定额。贯彻这一原则,有利于企业自主经营,有利于执行现代企业制度,有利于施工企业摆脱过多的行政干预,更好地面对建筑市场竞争的环境,也有利于促进新的施工技术和施工方法的采用。

企业独立自主地制定定额,主要是自主地确定定额水平、划分定额项目,自主地根据需要增加新的定额项目。但是,施工定额毕竟是一定时期企业生产力水平的反映,它不可能也不应该割断历史。因此,企业定额应是对原有国家、部门和地区性施工定额的继承和发展。

(二)编制依据

1. 国家的有关规定

编制施工定额必须依据党和国家有关经济政策和管理制度,例如劳动定额应贯彻劳动管理制度,材料选用应符合"以钢代木"的国家政策,机械选择要与当前公路建设机械化程度相适应。

2. 施工技术及验收规范

如以下现行标准规范《公路路基施工技术规范》(JTG F10)、《公路路面基层施工技术细则》(JTG/T F20)、《公路沥青路面施工技术规范》(JTG F40)、《水泥混凝土路面施工技术细则》(JTG/T F30)、《公路桥涵施工技术规范》(JTG/T F50)、《公路工程施工安全技术规范》(JTG F90)、《公路工程质量检验评定标准》(JTG F80/1)等。施工过程应满足公路工程施工技术规范的技术要求。工程质量应符合公路工程施工及验收技术规范、工程质量检验评定标准、技术规程中有关质量要求和质量标准。

3. 技术测定和经验统计资料

现场理论技术测定和经验统计资料是编制施工定额的数据来源,必须准确可靠。在收集和选用时,应特别注意影响因素分析,采取实事求是的科学态度,采用数理统计的科学方法,力求最大限度地减少误差。

任务二 劳动定额的编制

学习目标

(1)劳动定额的表现形式;
(2)劳动定额的编制方法。

任务描述

本任务要求学生熟练掌握几种常用的劳动定额的编制方法,根据不同项目的具体情况和要求完成其劳动定额的编制。

相关知识

一、劳动定额的表现形式

劳动定额又称劳动消耗定额、工时定额或人工定额,它是指在正常的生产技术和生产组织条件下,为完成单位合格产品或工作所规定的劳动消耗量标准。

劳动定额的表现形式有时间定额和产量定额两种。

1)时间定额

时间定额是指在技术条件正常、生产工具使用合理和劳动组织正确的条件下,工人为生产

单位合格产品所必须消耗的工作时间。工人的工作时间包括定额时间和非定额时间两种,即工人的工作时间有些可以计入时间定额内,有些是不能纳入时间定额中的。

时间定额以工日为单位,1个工日相当于1个工人工作8h的劳动量,其中潜水工作按6h、隧道工作按7h计算。时间定额的计算方法如下:

$$D_s = \frac{M}{Q} \tag{3-1}$$

式中:D_s——时间定额(劳动量单位/产品单位);
$\quad\quad M$——耗用劳动量数量,一般单位为工日;
$\quad\quad Q$——完成合格产品数量(产品实物单位)。

2)产量定额

产量定额是指在技术条件正常、生产工具使用合理和劳动组织正确的条件下,工人在单位时间内完成合格产品的数量。产量定额与时间定额互为倒数的关系。其计量单位以产品数量/工日计,如 m^3/工日、m^2/工日。产量定额的计算方法如下:

$$D_c = \frac{Q}{M} = \frac{1}{D_s} \tag{3-2}$$

式中:D_c——产量定额(产品单位/劳动量单位);
其余符号意义同前。

《公路工程施工定额》(2009版)中,隧道工程4-1节人工开挖上导洞时的劳动定额如表3-1所示。

劳动定额表　　　　　　　　　　　　　　　　　　　　　　　表3-1

4-1　人工开挖

工作内容:土质隧道开挖,石质隧道选炮位、打眼、装药放炮、通风、清理、装卸运走、空回、出渣处整平。

(一)上　导　洞

每 $1m^3$ 的劳动定额

项目	手推车运输				斗车运输				序号
	Ⅴ～Ⅵ级	Ⅳ级	Ⅲ级	Ⅰ～Ⅱ级	Ⅴ～Ⅵ级	Ⅳ级	Ⅲ级	Ⅰ～Ⅱ级	
人工装渣*	$\frac{1.67}{0.599}$	$\frac{2.22}{0.45}$	$\frac{2.5}{0.4}$	$\frac{3.85}{0.26}$	$\frac{2}{0.5}$	$\frac{2.7}{0.37}$	$\frac{3.03}{0.33}$	$\frac{4.55}{0.22}$	一
漏斗装渣	—	—	—	—	$\frac{1.82}{0.549}$	$\frac{2.44}{0.41}$	$\frac{2.78}{0.36}$	$\frac{4.17}{0.24}$	二
编号	1	2	3	4	5	6	7	8	

注:*表中格内有两个数字的,横线上面的数值是时间定额,横线下面的数值是产量定额。例如手推车运输软石(Ⅳ级)的劳动定额为:

时间定额 = 2.22 工日/m^3
产量定额 = 0.45 m^3/工日

二、劳动定额的编制方法

时间定额和产量定额是劳动定额的两种表现形式。拟定出时间定额,也就可以得出产量定额;反之亦然。

劳动定额常用的计算方法主要包括技术测定法、利用工时规范法、统计分析法和经验估计法等。

（一）技术测定法

技术测定法是根据先进合理的生产（施工）技术、操作工艺、合理劳动组织和正常的生产（施工）条件，对施工过程中的个体活动进行实地观察，详细地记录施工中的工人和机械的工作时间消耗、完成产品的数量及有关影响因素，将记录的结果加以整理，客观地分析、计算，制定劳动定额的方法。

技术测定法也就是计时观察法。通过计时观察资料，可以经过统计分析获得某工序的各种必须消耗时间和完成的工序计量单位的工作量。工序计量单位可能是 m，也可能是 m^2，或者是 m^3 等。根据工序性质的不同，定额计量单位的工作量可能是 1m、10m、100m，也可能是 $1m^2$、$10m^2$、$100m^2$，或者是 $1m^3$、$10m^3$、$100m^3$。公路工程劳动定额的时间为工日。这种方法有较高的准确性和科学性，是制定新定额和典型定额的主要方法。

1. 拟定施工的正常条件

拟定施工的正常条件就是贯彻定额所应具备的条件，或者说，将技术测定所提供的资料以及综合分析所取得的正常条件，在定额的内容中加以明确和肯定，这些条件必须适用于大多数企业和单位，符合当前生产实际情况，正确地拟定施工正常条件，既有利于定额的贯彻，也有利于促进劳动生产率的提高。正常施工条件是绝大多数企业和施工队、组，在合理组织施工的条件下所处的施工条件。

1）拟定工作地点的组织

工作地点是工人施工活动场所，工作地点组织紊乱和不科学，往往是造成劳动效率不高甚至窝工的重要原因。在拟定工作地点的组织时，要特别注意使工人在操作时不受妨碍。所使用的工具和材料按使用顺序放置在工人最便于取用的地方，以减少疲劳和提高工作效率。不用的工具和材料不应放置在工作地点，工作地点应保持清洁和秩序井然。

2）拟定工作组成

拟定工作组成就是将施工过程，按照拟定的劳动分工划分为若干工序，以达到合理使用技术工人的目的。

3）拟定施工人员编制

拟定施工人员编制就是确定小组人数、技术工人的配备，以及劳动的分工和协作。施工人员编制的原则是使每个工人都能充分发挥作用，均衡担负工作。

以上列举的施工正常条件，是产生平均先进水平定额的基础。

2. 对施工过程进行工时研究

对施工过程进行计时观察后，对测时数据进行整理，对工作时间进行分类，分别统计出基本工作时间、辅助工作时间、准备与结束工作时间、不可避免的中断时间和休息时间，它们就是定额时间。

（1）基本工作时间在必须消耗的工作时间中占的比重最大。在确定基本工作时间时，必须细致、精确。基本工作时间消耗一般应根据计时观察资料来确定。其做法是，首先确定工作过程每一组成部分的工时消耗，然后再综合算出工作过程的工时消耗。如果组成部分的产品计量单位和工作过程的产品计量单位不符，就需先求出不同计量单位的换算系数，进行产品计量单位的换算，然后再相加，求得工作过程的工时消耗。

（2）辅助工作和准备与结束工作时间的确定方法与基本工作时间相同。但是，如具这两项工作时间在整个工作班工作时间消耗中所占比例不超过5%~6%,则可归纳为一项,以工作过程的计量单位表示,确定出工作过程的工时消耗,而不必再分别按各组成部分来确定。

(3)不可避免的中断时间也需要根据测时资料通过整理分析获得。由于手动过程中不可避免中断发生较少,加之不易获得充足的资料,如前所述,也可以根据经验数据或工时规范,以占工作日的百分比表示此项工时消耗的时间定额。

(4)休息时间是工人恢复体力所必需的时间,应列入工作过程时间定额。休息时间应根据工作班作息制度、经验资料、计时观察资料,以及对工作的疲劳程度做全面分析来确定。同时,应考虑尽可能利用不可避免中断时间作为休息时间。

3. 计算时间定额和产量定额

通过定额时间和完成的产量按照式(3-3)和式(3-4)计算出施工过程的时间定额和产量定额。

$$时间定额 D_s = \frac{t(h)}{8 \times Q} = \frac{t(\min)}{8 \times 60 \times Q} \tag{3-3}$$

式中:t——通过计时观察法测得的定额时间(h 或 min);

Q——在该段定额时间内完成的产量。

$$产量定额 D_c = \frac{1}{时间定额 D_s} \tag{3-4}$$

【例3-1】 用写实记录法确定人工开挖土方的劳动定额。经过实际观察,确定工人准备机具等消耗时间15min,开挖土方消耗65min,休息消耗时间15min,在此时间段内共开挖土方65m³。试计算该施工过程的时间定额。

解 根据测时结果分析,可得

定额时间 = 15 + 65 + 15 = 105(min)

时间定额 = $\frac{定额时间\ t(\min)}{8 \times 60 \times 产量} = \frac{105}{8 \times 60 \times 65} = 0.00337(工日/m^3) = 3.37(工日/1000m^3)$

产量定额 = $\frac{1}{时间定额} = \frac{1000}{3.37} = 296.74(m^3/工日)$

注:由于计算结果很小,数据修约后必然会影响结果的准确性,将定额的计量单位改为1000m³,数据可精确保存下来。

【例3-2】 用工作日写实法确定钢筋工程施工定额中的劳动定额。已知一名工人准备机具等消耗时间10min,钢筋切断消耗时间30min,钢筋弯曲消耗时间20min,调直钢筋消耗时间52min,焊接成型消耗时间350min,操作过程中由于供料不足停工20min,由于停电造成停工5min,操作完成后清理工作消耗8min。

问题:

(1)计算钢筋施工所消耗的基本工作时间。

(2)计算钢筋施工所消耗的定额时间。

(3)如果参加施工的人员为5人,在上述时间内完成的钢筋数量为1.25t,试计算该劳动小组的劳动定额。

解 (1)计算基本工作时间

基本工作时间等于钢筋调直、切断、弯曲、焊接成型所消耗的时间之和,即:

30 + 20 + 52 + 350 = 452(min)

(2)计算定额时间

定额时间等于基本工作时间、辅助工作时间、准备与结束时间、不可避免的中断时间和休息时间之和,即:

452 + 10 + 8 = 470(min)

(3)计算劳动定额

钢筋施工的时间定额:

470 ÷ 60 ÷ 8 × 5 ÷ 1.25 = 3.917(工日/t)

产量定额:

1 ÷ 3.917 = 0.255(t/工日)

(二)利用工时规范法

如果在计时观察时不能取得足够的测定资料,也可采用工时规范或经验数据来确定,如具有现行的工时规范,可以直接利用工时规范中规定的辅助工作和准备与结束工作时间的百分比来计算。例如,根据工时规范规定,各个工种工程的辅助和准备与结束工作、休息、不可避免中断等项,在工作日或作业时间中各占的百分比见表3-2。木作工程各类辅助工作时间的比例见表3-3。

建筑工程准备与结束工作、休息、不可避免中断时间占工作班时间的比例　　表3-2

序号	工　种	准备与结束时间占工作时间的比例(%)	休息时间占工作时间的比例(%)	不可避免的中断时间占工作时间的比例(%)
		时间分类		
1	材料运输及材料加工	2	13~16	2
2	人力土方工程	3	13~16	2
3	架子工程	4	12~15	2
4	砖石工程	5	10~13	4
5	抹灰工程	6	10~13	3
6	手工木作工程	4	7~10	3
7	机械木作工程	3	4~7	3
8	模板工程	5	7~10	3
9	钢筋工程	4	7~10	4
10	现浇混凝土工程	6	10~13	3
11	预制混凝土工程	4	10~13	2
12	防水工程	5	2~5	3
13	油漆玻璃工程	3	4~7	2
14	钢制品制作及安装工程	4	4~7	2
15	机械土方工程	2	4~7	2
16	石方工程	4	13~16	2
17	机械打桩工程	6	10~13	3
18	构件运输及吊装工程	6	10~13	3
19	水暖电气工程	5	7~10	3

木作工程各类辅助工作时间的比例　　　　　　　　表3-3

工　作　项　目	占工序作业时间的比例(%)	工　作　项　目	占工序作业时间的比例(%)
磨刨刀	12.3	磨线刨	8.3
磨槽刨	5.9	锉锯	8.2
磨凿子	3.4		

根据以上工时规范的表现形式,利用工时规范计算时间定额的计算公式如下:

工作定额时间 = 基本工作时间 + 辅助工作时间 + 准备与结束工作时间 + 不可避免中断时间 + 休息时间 = 基本工作时间 + 工作定额时间 ×(辅助工作时间百分比 + 准备与结束工作时间百分比 + 不可避免中断时间百分比 + 休息时间百分比) 　　　　(3-5)

工作定额时间 = 基本工作时间/[1 -(辅助工作时间百分比 + 准备与结束工作时间百分比 + 不可避免中断时间百分比 + 休息时间百分比)] 　　(3-6)

【例3-3】 人工挖土方,土壤系潮湿的黏性土,按土壤分类属二类土(普通土)。测时资料表明,挖$1m^3$需消耗基本工作时间60min,辅助工作时间占工作班延续时间2%,准备与结束工作时间占工作延续时间2%,不可避免中断时间占1%,休息时间占20%。试计算人工挖普通土的时间定额和产量定额。

解 (1)时间定额

假定完成$1m^3$普通土开挖的时间定额为x,则:

$x = 60 + x(2\% + 2\% + 1\% + 20\%)$

$x = \dfrac{60}{1 - (2\% + 2\% + 1\% + 20\%)} = 80(\min)$

若每工日按8h计算,则人工挖普通土的时间定额为:

$80 \div 60 \div 8 = 0.166$（工日/$m^3$）

(2)产量定额

根据时间定额可以计算出产量定额:

$1/0.166 = 6.02$（m^3/工日）

(三)统计分析法

统计分析法是利用过去同类工程项目或生产同类产品的实际工时消耗资料,经过分析整理,结合当前施工技术组织条件的变化因素制定定额的一种方法。这种方法的特点是以统计资料为依据,有一定说服力,能较好地反映实际劳动效率,并且不需要专门进行测定即可取得工时消耗数据,因而工作量小,能满足定额制定的快和全的要求。其缺点是定额水平一般偏于保守。

为了克服统计分析资料的这个缺陷,使确定出来的定额水平保持平均先进的性质,可采用"二次平均法"和"概率测算法"作为确定定额水平的依据。

1)二次平均法

二次平均法的特点是计算方法简便,但是无法准确反映计算结果的概率水平。

二次平均法的步骤是:

(1)剔除不合理数据

剔除统计资料中特别偏高、偏低的明显不合理的数据。

(2)计算平均值 $\bar{t}$

$$\bar{t} = \frac{t_1 + t_2 + \cdots + t_n}{n} = \frac{\sum_{i=1}^{n} t_i}{n} \tag{3-7}$$

式中:n——数据个数。

(3)计算先进数值的平均值 $\bar{t}_x$

$$\bar{t}_x = \frac{t_1' + t_2' + \cdots + t_{n'}'}{n'} = \frac{\sum_{i=1}^{n'} t_i'}{n'} \tag{3-8}$$

式中:n'——数据个数。

(4)计算平均先进值 $\bar{t}_2$

平均值与数列中小于平均值的各数值的平均值相加(对于时间定额),再求其平均数,亦即第二次平均。

$$\bar{t}_2 = \frac{\bar{t} + \bar{t}_x}{2} \tag{3-9}$$

式中:$\bar{t}_2$——二次平均后的平均先进值;
$\bar{t}$——全数平均值;
$\bar{t}_x$——小于全数平均值的各个数值的平均值。

【例3-4】 已知摊铺 $40m^2$ 水泥混凝土路面的实耗工时统计资料分别为 40min、60min、70min、70min、70min、60min、50min、50min、60min、60min。试用二次平均法求产品的平均实耗工时、平均先进工时以及时间定额。

解 $\bar{t} = \dfrac{40+60+70+70+70+60+50+50+60+60}{10} = \dfrac{590}{10} = 59(\min)$

$\bar{t}_x = \dfrac{40+50+50}{3} = 46.67(\min)$

$\bar{t}_2 = \dfrac{\bar{t} + \bar{t}_x}{2} = \dfrac{59 + 46.67}{2} = 52.84(\min)$

时间定额 $= \dfrac{52.84}{60 \times 8 \times 40} = 0.28($工日$/100m^2)$

产量定额 $= 1/$时间定额 $= 363.64(m^2/$工日$)$

2)概率测算法

概率测算法可以更加科学地掌握定额水平,使计算结果保持先进合理的水平。

概率测算法的步骤如下:

(1)确定有效统计数据。

对取得的某一生产活动的若干个工时消耗数据进行整理和分析,把明显偏高或偏低的数据删掉。

(2)计算公式消耗的平均值 $\bar{t}$:

$$\bar{t} = \frac{\sum_{i=1}^{n} t_i}{n} \tag{3-10}$$

(3)计算工时消耗数据的均方差 σ:

$$\sigma = \sqrt{\frac{\sum_{i=1}^{n} (\bar{t} - t_i)^2}{n}} \tag{3-11}$$

σ 值越大,说明数据越分散;σ 值越小,说明数据越集中。

(4)确定标准离差系数 λ:

从正态分布表(表3-4)中可查到对应于 λ 值的概率。

(5)根据正态分布的公式,满足特定概率的平均先进实耗工时 t 为:

$$t = \bar{t} + \lambda\sigma \qquad (3-12)$$

式中:λ——标准离差系数。

正态分布表 表3-4

λ	$P(\lambda)$	λ	$P(\lambda)$	λ	$P(\lambda)$	λ	$P(\lambda)$	λ	$P(\lambda)$
-2.5	0.01	-1.5	0.07	-0.5	0.31	0.5	0.69	1.5	0.93
-2.4	0.01	-1.4	0.08	-0.4	0.34	0.6	0.73	1.6	0.95
-2.3	0.01	-1.3	0.10	-0.3	0.38	0.7	0.76	1.7	0.96
-2.2	0.01	-1.2	0.12	-0.2	0.42	0.8	0.79	1.8	0.96
-2.1	0.02	-1.1	0.14	-0.1	0.46	0.9	0.82	1.9	0.97
-2.0	0.02	-1.0	0.16	0.0	0.50	1.0	0.84	2.0	0.98
-1.9	0.03	-0.9	0.18	0.1	0.54	1.1	0.86	2.1	0.98
-1.8	0.04	-0.8	0.21	0.2	0.58	1.2	0.88	2.2	0.98
-1.7	0.04	-0.7	0.24	0.3	0.62	1.3	0.90	2.3	0.99
-1.6	0.06	-0.6	0.27	0.4	0.66	1.4	0.92	2.4	0.99

【例3-5】 已知摊铺 $40m^2$ 水泥混凝土路面的实耗工时统计资料分别为 40min、60min、70min、70min、70min、60min、50min、50min、60min、60min。

问题:

(1)使用概率测算法确定欲使 35% 的工人能够达到或超过的平均先进值;

(2)如果将例题 3-4 中的计算结果 52.84min 作为定额时间,试问能够达到此定额水平的工人概率是多少?

解 (1)由例 3-4 中已算出 $\bar{t} = 59(\text{min})$

$$\sigma = \sqrt{\frac{1}{10}[(40-59)^2 \times 1 + (50-59)^2 \times 2 + (60-59)^2 \times 4 + (70-59)^2 \times 3]}$$
$$= 9.43(\text{min})$$

查表 3-4,当 $P(\lambda) = 0.35$ 时,$\lambda = -0.375$,则:

$t = 59 + (-0.375) \times 9.43 = 55.46(\text{min})$

时间定额 $= \dfrac{55.46}{60 \times 8 \times 40} = 0.29(\text{工日}/100m^2)$

产量定额 $= \dfrac{1}{\text{时间定额}} = 346.20(m^2/\text{工日})$

(2)由例 3-4 中求出的平均先进值为 52.84min,能达到此值的概率为:

$\lambda = \dfrac{t - \bar{t}}{\sigma} = \dfrac{52.84 - 59}{9.43} = -0.65$

查表 3-4 得 $P(-0.65) = 0.255$

即只有 25.5% 的工人能达到此水平。

(四)经验估计法(也称经验估工法)

经验估计法是定额编制人员、工程技术人员和工人,根据施工图纸、技术规范、工艺操作规程,分析所使用的工具、设备、原材料及其施工技术组织条件和操作方法的繁简、难易等情况,凭实践经验估定劳动定额的一种方法。这种方法的特点是方法简单、速度快,但容易受制定人员的主观因素和局限性影响,使制定的定额出现偏高或偏低的现象。因此,这种方法只适用于企业内部,作为某些局部项目的补充定额。

运用经验估计法制定定额,应以工序(或单项产品)为对象,将工序分为操作(或动作),分别估计出操作(或动作)的基本工作时间,然后考虑辅助工作时间、准备时间、结束时间和休息时间,经过整理,并对整理结果优化处理,即得出该项工序(或单项产品)的时间定额或产量定额。

为了提高经验估计法的精确度,使取定的定额水平适当,可用概率论的方法来估算定额。这种方法是请有经验的人员,分别对某一单位产品和施工过程进行估计,从而得出三个工时消耗数值:先进的(乐观估计)为 a,保守的(悲观估计)为 b,一般的(最大可能)为 c,经验估计法的数据选定方法如下:

设 t 为所需的平均时间,则:

$$t = \frac{a + 4c + b}{6} \quad (3-13)$$

式中:a——乐观时间;
b——保守时间;
c——一般时间。

标准偏差为:

$$\sigma = \frac{b - a}{6} \quad (3-14)$$

根据正态分布的公式,调整后的工时定额 T 为:

$$T = t + \sigma\lambda \quad (3-15)$$

式中:λ——标准离差系数,从正态分布表(表3-4)中可查到对应于 λ 值的概率。

如果实际收集的时间消耗数据较多,可首先把个别偏差很大的数据去掉,然后将留下的数据按大小排队,划分三个区间,再分别求出各区间中的算术平均值,作为三个估计数。

【例3-6】 已知完成某项任务的乐观时间为6h,保守时间为14h,可能性最大的时间为7h。问:使80%的工人达到这一水平,则下达工时定额应为多少小时?

解 $M = \frac{a + 4c + b}{6} = \frac{6 + 4 \times 7 + 14}{6} = 8(\text{h})$

$\sigma = \frac{b - a}{6} = \frac{14 - 6}{6} = 1.3(\text{h})$

完成任务的可能性为80%,即 $P(\lambda) = 0.8$,查正态分布表得:$\lambda = 0.83$

$T = M + \sigma\lambda = 8 + 1.3 \times 0.83 = 9(\text{h})$

【例3-7】 某工作用经验估计法测定定额,聘请了10名有各种经验的专家对每完成1件产品进行背对背调查,调查结果经初步分析见表3-5。

调查结果分析　　　　　　　表3-5

组别	时间消耗较少的组			时间消耗中等的组				时间消耗较多的组		
专家(人)	1	2	3	4	5	6	7	8	9	10
时间(h)	8.4	8.6	8.8	10.4	10.6	10.8	10.2	15.4	15.6	15.8

问题:根据上述资料,用经验估计法编制施工定额的劳动消耗定额,定额水平为平均先进

水平(有70%的工人达不到的水平)。

解 (1)计算乐观时间 a、悲观时间 b 和正常时间 c：
$a = (8.4 + 8.6 + 8.8)/3 = 8.6(\text{h})$
$b = (15.4 + 15.6 + 15.8)/3 = 15.6(\text{h})$
$c = (10.4 + 10.6 + 10.8 + 10.2)/4 = 10.5(\text{h})$
(2)计算平均时间 $M = (8.6 + 15.6 + 10.5 \times 4)/6 = 11.03(\text{h})$
(3)计算标准偏差 $\delta = (15.6 - 8.6)/6 = 1.17(\text{h})$
(4)根据题目要求的水平为有70%的工人达不到的水平,即有30%的工人能够达到的水平,查表3-4得 $\lambda = -0.525$,则:$T = 11.03 + 1.17 \times (-0.525) = 10.42(\text{h})$
(5)时间定额:$10.42/8 = 1.303(\text{工日}/\text{件})$
(6)产量定额:$1/1.303 = 0.767(\text{件}/\text{工日})$

任务三 材料消耗定额的编制

(1)材料的分类;
(2)实体性材料定额用量计算方法;
(3)非实体性材料定额用量计算方法。

本任务要求学生掌握实体性材料和非实体性材料定额用量的计算方法,熟练掌握混凝土组成材料、砂浆材料和模板材料的定额计算方法。

建筑材料,在建筑施工中用量大。合理地编制材料消耗定额,不仅能促使企业降低材料消耗,降低施工成本,而且对于合理利用有限资源也有很大意义。

一、材料的分类

合理确定材料消耗定额,必须研究和区分材料在施工过程中的类别。

1. 根据材料消耗的性质划分

施工中材料的消耗可分为必须消耗的材料和损失的材料两类性质。

必须消耗的材料,是指在合理用料的条件下,生产合格产品所需消耗的材料。它包括:直接用于建筑和安装工程的材料;不可避免的施工废料;不可避免的材料损耗。

必须消耗的材料属于施工正常消耗,是确定材料消耗定额的基本数据。其中,直接用于建筑和安装工程的材料,编制材料净用量定额;不可避免的施工废料和材料损耗,编制材料损耗定额。

用公式表示为:

$$\text{材料总耗用量} = \text{材料净用量} + \text{材料损耗量} \quad (3\text{-}16)$$

材料损耗量可用下式计算:
$$材料损耗量 = 材料净用量 \times 材料损耗率 \quad (3-17)$$
利用式(3-16)和式(3-17),经整理后得出:
$$材料总耗用量 = 材料净用量 \times (1 + 材料损耗率) \quad (3-18)$$

在现行《公路工程施工定额》中没有列出材料消耗定额。在《公路工程预算定额》(JTG/T 3832—2018)中没有单独列出材料损耗量,只列出了材料总耗用量。

以表3-6中定额为例,定额中C30水泥混凝土的用量 10.10m^3 由两部分组成,净用量为 10m^3,损耗率为 1%,$10.10 = 10 + 0.1 = 10 \times (1 + 1\%)$。

钢筋的用量之和为 1.025t,亦由两部分组成,净用量为1t,损耗率为 2.5%,$1.025 = 1 + 0.025 = 1 \times (1 + 2.5\%)$。

表3-6

4-7-4 预制圆管涵

工程内容:1)搭、拆临时脚手架、跳板;2)制作、安、拆、修理、涂脱模剂、堆放;3)钢筋除锈、下料、弯曲、电焊、绑扎;4)混凝土浇筑、捣固及养护。

单位:表列单位

顺序号	项目	单位	代号	混凝土 预制圆管管径(m)		预制圆管涵	
				1.0以内	2.0以内	钢筋	冷拔低碳钢丝
				10m^3 实体		1t	
				1	2	3	4
1	人工	工日	1001001	43.7	32.8	6	6.4
2	普C30-32.5-2	m^3	1503009	10.10	10.10	—	—
3	HPB300钢筋	t	2001001	—	—	1.025	0.336
4	冷拔低碳钢丝	t	2001012	—	—	—	0.699
5	20~22号铁丝	kg	2001022	—	—	4.62	4.45
6	钢模板	t	2003025	0.118	0.074	—	—
7	电焊条	kg	2009011	—	—	—	0.95
8	水	m^3	3005004	16	16	—	—
9	中(粗)砂	m^3	5503005	4.65	4.65	—	—
10	碎石(2cm)	m^3	5505012	7.98	7.98	—	—
11	32.5级水泥	t	5509001	4.101	4.101	—	—
12	其他材料费	元	7801001	21.2	16	—	—
13	5t以内汽车式起重机	台班	8009025	0.61	0.46	—	—
14	32kV·A以内交流电弧焊机	台班	8015028	—	—	—	0.16
15	小型机具使用费	元	8099001	4.8	4.9	4.7	4.5
16	基价	元	9999001	8111	6615	4081	5155

2.根据材料消耗与工程实体的关系划分

施工中的材料可分为实体材料和非实体材料两类。

(1)实体材料,是指直接构成工程实体的材料。它包括工程直接性材料和辅助材料。工程直接性材料主要是指一次性消耗、直接用于工程上构成建筑物或结构本体的材料,如钢筋混凝土柱中的钢筋、水泥、砂、碎石等;辅助性材料主要是指虽也是施工过程中所必需的却并不构成建筑物或结构本体的材料,如土石方爆破工程中所需的炸药、引信、雷管等。主要材料用量大,辅助材料用量少。

(2)非实体材料,是指在施工中必须使用但又不能构成工程实体的施工措施性材料。非实体材料主要是指周转性材料,如模板、脚手架等。

二、材料消耗定额的测定方法

(一)直接性消耗材料定额的测定

确定材料净用量定额和材料损耗定额的计算数据,是通过理论计算、试验室试验、现场技术测定、现场统计等方法获得的。

1. 理论计算法

理论计算法也称计算法,它是根据施工图纸和建筑构造要求,运用一定的理论公式计算出材料净消耗数量,从而制订材料的消耗定额。这种理论计算必须在一定的建筑设备和一定的技术操作过程以正确地组织施工过程和合理地使用建筑材料的条件下,根据施工详图或标准结构图进行计算。

理论计算中有以下三种具体方法,即直数法、样板裁截法、统筹下料法。

(1)直数法:即按照图纸直接数出来,它是确定构件材料(如五金零件螺栓、垫板、风钩、插销、合页等,又如电气材料开关、灯头、闸刀等)的消耗定额时所采取的一种方法。

(2)样板裁截法:就是确定不规则的板状产品,板材的消耗定额:这种方法就是先将产品尺寸按比例缩小制成纸样板,进行图上选取最合理的截料方式,或按产品尺寸用纸制成样板,然后在板材上进行排料选取最合理的截料方式。

(3)统筹下料法:又称组合选择法,就是线性规划下料问题求最优解。它是确定长尺寸材料和板状材料消耗定额的方法。这种方法具体来说,就是先要了解需要同规格的材料,各种构件尺寸、数量和该规格的材料仓库现存数量,然后统一下料,下料前要进行截料方式选择,选择的方法就是将各种不同尺寸的构件(构件小于材料的)或长尺寸的板状的材料(构件大于材料的)排列组合成各种镶拼方式或各种截料方式,以选择总消耗量最小也就是损耗率最小的一种方法。

2. 试验室试验法

试验室试验法,也称试验法。这种方法是在试验室内进行观察和测定,主要是编制材料净用量定额。通过试验,能够对材料的结构、化学成分和物理性能以及按强度等级控制的混凝土、砂浆配比得出科学的结论,为编制材料消耗定额提供有技术根据的、比较精确的计算数据。试验室试验法的优点是能更深入更详细地研究各种因素对材料消耗的影响,其缺点是没有估计到或无法估计到施工现场的某些因素对材料消耗的影响,用于施工生产时,须加以必要的调整方可作为定额数据。

3. 现场技术测定法

现场技术测定法,又称为观测法,是在施工现场合理使用材料条件下,完成某一产品的材料消耗进行实际测算的一种方法,主要是编制材料损耗定额。也可以提供编制材料净用量定额的参考数据。其优点是能通过现场观察、测定,取得产品产量和材料消耗的情况,为编制材料定额提供技术根据。

这种方法的关键是对象选择,观测对象应符合下列条件:①工程项目是典型的;②施工技术组织及产品质量均要符合技术规范的要求;③材料的品种、型号、质量应符合设计要求,并应以选择先进合理的水平为原则。

在观测前,要充分做好准备工作,如选用标准的衡器、运输工具,采取减少材料损耗的措施等。

4. 统计法

统计法,是以施工现场积累的分部分项工程使用材料数量、完成产品数量、完成工作原材料的剩余数量等统计资料为基础,经过整理分析,获得材料消耗的数据。统计方法是根据各工程项目执行拨付材料数量、剩余材料数量及总共完成产品的数量计算而得。采用此法时,必须保证统计和测算耗用材料与相应产品一致。这种方法比较简单易行,不需要组织专人测定或试验。但是其准确程度受统计资料和实际使用材料的影响,所以要注意统计资料的真实性和系统性,要有准确的领退料统计数字和完成工程量的统计资料,同时要有较多的统计资料作为依据,并且统计对象也应加以认真选择。

【例 3-8】 某钻孔灌注桩桩径为 100cm,桩长为 45m,采用回旋钻机作业施工,材料选用 C25 水下混凝土,经试验确定 C25 水下混凝土的配合比为:每 1m³ 的 C25 水下混凝土需要 32.5 级水泥 0.427t,中(粗)砂 0.50m³,碎石(4cm)0.75m³,现场测定施工过程的损耗(包括凿除桩头的部分)为 21.9%,若定额单位为 10m³,试确定混凝土组成材料的定额消耗。

解 由于定额单位取的是灌注桩的体积 10m³,此处不考虑钢筋所占的体积,灌注桩的体积即可看为混凝土的净用量。

则按照消耗性材料定额的公式,可以计算出混凝土组成材料的定额消耗。

$$材料总耗用量 = 材料净用量 \times (1 + 材料损耗率)$$

由于混凝土是施工过程中的中间产物,不属于原材料的范畴,按题目要求必须计算出水泥等原材料的定额消耗,根据题目中提供的混凝土配合比,即可计算出组成混凝土的原材料的消耗定额。

$$混凝土原材料总用量 = 混凝土净用量 \times 配合比 \times (1 + 材料损耗率) \quad (3-19)$$

32.5 级水泥总用量 $= 10 \times 0.427 \times (1 + 21.9\%) = 5.205(t)$

中(粗)砂总用量 $= 10 \times 0.5 \times (1 + 21.9\%) = 6.10(m^3)$

碎石(4cm)总用量 $= 10 \times 0.75 \times (1 + 21.9\%) = 9.14(m^3)$

【例 3-9】 某路面预制 C25 水泥混凝土路缘石工程,路段长度为 1km,路缘石横截面构造如图 3-1 所示,预制路缘石块的长度为 0.99m,两块相邻路缘石中间 1cm 用 M10 水泥砂浆填缝,砌筑路缘石时底部有 2cm 的砂浆铺底。已知预制路缘石的施工损耗率为 1%,砂浆材料的施工损耗率为 2%。C25 水泥混凝土的配合比为每 1m³ 混凝土材料需要 32.5 级水泥 0.335t,中(粗)砂 0.18m³,碎石 (4cm)0.83m³,M10 水泥砂浆的配合比为每 1m³ 砂浆材料需要 32.5 级水泥 0.311t,中(粗)砂 0.1.07m³。以混凝土路缘石体积每 10m³ 为定额单位,试确定 32.5 级水泥、中(粗)砂和碎石(4cm)三种材料的定额消耗量。

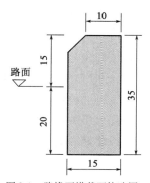

图 3-1 路缘石横截面构造图
(尺寸单位:cm)

解 (1)水泥混凝土材料定额消耗量的分析

混凝土各材料总耗用量 = 混凝土净用量 × 混凝土材料配合比 × (1 + 材料损耗率)

32.5 级水泥用量 = $10 \times (1 + 1\%) \times 0.335 = 3.383(t)$

中(粗)砂用量 = $10 \times (1 + 1\%) \times 0.48 = 4.85(m^3)$

碎石(4cm) = $10 \times (1 + 1\%) \times 0.83 = 8.38(m^3)$

(2)水泥砂浆材料定额消耗量的分析

砂浆组成材料总用量 = 砂浆净用量 × 砂浆材料配合比 × (1 + 材料损耗率)

根据题意可知,砂浆净用量包括两部分,一部分是铺底砂浆,一部分是填缝砂浆。

铺底砂浆的净用量 = $0.15 \times 0.02 \times 1000 = 3(m^3)$

填缝砂浆的净用量 = $\left(0.15 \times 0.35 - \frac{1}{2} \times 0.05^2\right) \times 0.01 \times 1000 = 0.5125(m^3)$

32.5 级水泥用量 = $(3 + 0.5125) \times (1 + 2\%) \times 0.311 = 1.114(t)$

中(粗)砂用量 = $(3 + 0.5125) \times (1 + 2\%) \times 1.07 = 3.834(m^3)$

由于本题中是以混凝土的体积 $10m^3$ 为定额单位,因此砂浆材料的定额消耗量必须换算到混凝土体积单位 $10m^3$。

已知该路段中混凝土预制块的体积 = $\left(0.35 \times 0.15 - \frac{1}{2} \times 0.05^2\right) \times 1000 = 51.25(m^3)$

32.5 级水泥定额用量 = $1.114 \times \frac{10}{51.25} = 0.217(t)$

中(粗)砂用量 = $3.834 \times \frac{10}{51.25} = 0.75(m^3)$

(3)材料总用量的计算

32.5 级水泥总用量 = $3.383 + 0.217 = 3.600(t)$

中(粗)砂用量 = $4.85 + 0.75 = 5.60(m^3)$

碎石(4cm) = $8.38(m^3)$

(二)周转性材料消耗量的制订

工程建设中,施工上除了使用直接性消耗的材料外,还使用另一类周转性材料。周转性材料是指在施工过程中,不是一次性消耗的材料,并在使用过程中不断补充、修理、重复使用多次的一类材料。如脚手架、挡土板、临时支撑、混凝土工程的模板等。因此,周转性材料的消耗量,应按照多次使用、分次摊销的方法进行计算。

周转性材料使用一次,在单位产品上的消耗量,称为摊销量。周转性材料的摊销量与周转次数有直接关系。

各种材料的周转及摊销定额,可按下式进行计算:

$$Q = \frac{A(1+k)}{nV} \tag{3-20}$$

式中:Q——周转性材料的单位定额用量(m^3 或 kg/m^3);

A——周转性材料的图纸一次用量;
k——场内运输及操作损耗率(%);
n——周转及摊销次数;
V——工程设计实体(m^3)。

周转性材料的图纸一次使用量是指为完成某种规格的产品每一次生产时所需用的周转性材料数量,如浇注一定尺寸的混凝土构件的一套模板的用量。

场内运输及操作损耗率在这里是指周转性材料每次使用后因场内运输及操作过程中造成的损坏不能重复使用的数量占一次使用量的百分数。

周转次数是指周转性材料从第一次使用起可重复使用的次数。

工程设计实体是根据使用周转性材料施工的工程结构构件的设计尺寸计算得到的体积。

编制周转材料的消耗定额,基本上是以设计图纸或施工图纸为依据的。首先计算出建筑工程的体积和各种周转性材料的图纸一次使用量,然后按实测的周转及摊销次数进行计算。

确定某一种周转性材料的周转次数,是制订周转性材料消耗定额的关键,但它不能用计算的方法确定,而是采用长期的现场观察和大量的统计资料用统计分析法确定。

由于公路工程的结构形式不一,情况各异,所以能充分周转使用的次数也不尽相同,这是在实际工作中比较难以确定的一个参数。由于这样,通常是以实际施工生产经验资料,结合工程的具体情况,在适当留有余地的基础上,分别对各种周转材料预计可能达到的周转次数,作为计算周转材料的消耗定额。公路工程中各种材料的周转及摊销次数和场内运输及操作损耗率,一般通过施工实践测定。

【例3-10】 某矩形混凝土板,板长10m,板宽1m,高0.4m,采用5cm厚模板预制,考虑底模,支撑用料为模板的20%,按5次周转摊销,锯材的场内运输及操作损耗为15%。

问题:试计算该混凝土板每$10m^3$实体应摊销锯材的数量。

解 按照周转性材料摊销量的计算公式,预制模板的单位定额用量:

$$Q = \frac{(10 \times 1 + 2 \times 10 \times 0.4 + 2 \times 1 \times 0.4) \times 0.05 \times (1 + 20\%) \times (1 + 15\%)}{5 \times 10 \times 0.4 \times 1.0} \times 10$$

$$= 0.65(m^3)$$

则$10m^3$实体的混凝土应摊销的锯材数量为$0.65m^3$。

三、制定材料消耗定额时必需的资料

(1)施工图纸资料、定型图或临时绘制的施工草图,以此作为计算材料需要量的依据。
(2)材料试验数据。
(3)各种材料实际消耗的历史统计资料,了解它的来源渠道与准确性。
(4)施工技术规范和工艺规程等规定。
(5)各种材料的规格、性能与使用要求等有关资料和规定。
(6)有关新技术、新工艺、新设备、新材料等,以往推广使用的经验,以及今后可能应用的情况。

任务四　机械台班定额的编制

（1）机械台班定额的表现形式；
（2）机械小时生产率的计算方法；
（3）常用机械时间利用系数的确定；
（4）机械台班定额的编制方法。

机械台班定额是施工定额中的主要组成部分。本任务要求学生掌握机械台班定额的计算方法，熟练掌握机械小时生产率和时间利用系数的确定方法，能够编制常用机械的时间定额和产量定额。

一、机械台班定额及其表示形式

机械台班定额是指在合理使用机械和合理的施工组织条件下，生产工人使用机械完成单位合格产品必须消耗的机械作业时间标准。

机械台班定额同劳动定额一样，也有时间定额和产量定额之分。为了与劳动定额中的时间定额与产量定额相区别，通常将机械作业的时间定额称为机械时间定额，其产量定额称为机械产量定额。

机械时间定额的常用单位是"台班"。机械产量定额常指在一个"台班"内的产量，所以又叫机械台班产量定额。一个台班是指一个工作班的延续时间，按照我国现行规定一般条件下施工时间为 8h。

（1）机械时间定额

机械时间定额是指在正常施工条件和劳动组织的条件下，使用某种规定的机械，完成单位合格产品必须消耗的台班数量。

（2）机械台班产量定额

机械台班产量定额是指在正常施工条件和劳动组织的条件下，某种机械在一个台班时间内必须完成的单位合格产品的数量。

机械时间定额与机械台班产量定额互为倒数：

$$\text{机械时间定额 } D_s = \frac{1}{\text{机械台班产量定额 } D_c} \tag{3-21}$$

（3）人工配合机械工作时的人工时间定额

$$\text{人工时间定额} = \text{机械时间定额} \times \text{定员人数} \tag{3-22}$$

【例 3-11】　用 6t 塔式起重机吊装某种混凝土构件，由一名吊车司机、7 名安装起重工、2

名电焊工组成的综合小组共同完成。已知机械台班产量定额为 40 块,试求吊装每一块构件的机械时间定额和人工时间定额。

解 (1)吊装每一块混凝土构件的机械时间定额

$$机械时间定额 = \frac{1}{机械台班产量定额} = \frac{1}{40} = 0.025(台班/块)$$

(2)吊装每一块混凝土构件的人工时间定额
①分工种计算

吊装司机时间定额 $= 1 \times 0.025 = 0.025$(工日/块)

安装起重工时间定额 $= 7 \times 0.025 = 0.175$(工日/块)

电焊工时间定额 $= 2 \times 0.025 = 0.050$(工日/块)

②按施工小组计算

人工时间定额 $= (1 + 7 + 2) \times 0.025 = 0.25$(工日/块)

二、机械台班定额的编制方法

编制施工机械定额主要包括拟定机械工作的正常条件、确定机械时间利用系数和小时生产率、计算施工机械定额等工作。

(一)拟定机械工作的正常条件

机械工作和人工操作相比,劳动生产率在更大的程度上要受到施工条件的影响,所以编制施工定额时更应重视确定出机械工作的正常条件。拟定机械工作正常条件主要是拟定工作地点的合理组织和合理的工人编制。

工作地点的合理组织,就是对施工地点机械和材料的放置位置、工人从事操作的场所做出科学合理的平面布置和空间安排。它要求施工机械和操作工人在最小范围内移动,但又不阻碍机械运转和工人操作;应使机械的开关和操纵装置尽可能集中地装置在操纵工人的近旁,以节省工作时间和减轻劳动强度;应最大限度发挥机械的效能,减少工人的手工操作。

拟定合理的工人编制,就是根据施工机械的效能和设计能力,工人的专业分工和劳动工效,合理确定操纵机械的工人和直接参加机械化施工过程的工人的编制人数。确定操纵和维护机械的工人编制人数及配合机械化施工的工人编制,如配合吊装机械工作的工人编制等。工人的编制往往要通过计时观察、理论计算和经验资料来合理确定。

拟定合理的工人编制,应要求保持机械的正常生产率和工人正常的劳动工效。

(二)确定机械纯工作 1h 的正常生产率

机械纯工作时间是指机械的必须消耗时间。机械纯工作 1h 的正常生产率是指具有必需的知识和技能的技术工人在正常施工组织条件下,操纵机械 1h 的生产率。施工机械作业分为两类:循环动作性作业和连续动作性作业两种。机械工作特点不同,其确定方法也有所不同。

1. 循环动作的机械小时生产率

对于按照同样次序,定期重复着的固定工作与非工作组成部分的循环动作机械,小时生产率 d 与每次循环的延续时间 t_i 和在每次循环的产品产量 q 有如下关系:

$$d = \frac{60\min(\text{或 } 3600\text{s})}{t_j} \times q \qquad (3\text{-}23)$$

式中：d——小时生产率；

t_j——每次循环的净工作时间（min 或 s）；

q——每次循环的产品数量。

计算循环机械小时生产率的步骤是：

①根据现场观察资料和机械说明书确定各循环组成部分的延续时间；

②将各循环组成部分的延续时间相加，减去各组成部分之间的交叠时间，求出循环过程的净工作时间，即：

$$t_j = \sum_{i=1}^{n} t_i - t_c \qquad (3\text{-}24)$$

式中：t_i——循环内各组成部分的延续时间；

t_c——循环内重叠时间。

③计算机械小时的循环次数；

④计算循环机械的小时生产率。

【例3-12】 已知 3m^3 水泥混凝土搅拌运输车往返一次运输的时间为 20min，中间未发生停顿，试计算该运输车的小时生产率。

根据公式(3-23)可得

$$d = \frac{60}{20} \times 3 = 9\,(\text{m}^3/\text{h})$$

2. 连续动作的机械小时生产率

对于连续动作机械，确定机械纯工作 1h 正常生产率时，要根据机械的类型和结构特征，以及工作过程的特点来进行，计算式如下：

$$d = \frac{\text{作业时间段内完成的产量 } Q_i}{\text{作业时间 } t_i(\min)} \times 60 \quad (\min) \qquad (3\text{-}25)$$

式中：d——小时生产率。

对于同一机械进行作业属于不同的工作过程，如挖掘机所挖土壤的类别不同，碎石机所破碎的石块硬度和粒径不同，均需分别确定其纯工作 1h 的正常生产率。

工作时间内产品数量和工作时间消耗，应在运用计时观察方法的同时，还应以机械说明书等有关资料的数据为参考依据，最后分析取定。

【例3-13】 已知某型号的电动颚式破碎机在 40min 内共破碎出 0.45m^3 的碎石，中间未发生停顿，试计算该型号破碎机的小时生产率。

根据公式(3-25)可得

$$d = \frac{0.45}{40} \times 60 = 0.675\,(\text{m}^3/\text{h})$$

（三）确定施工机械的正常利用系数

机械定额时间是机械为完成产品所必须消耗的时间。为便于应用，将机械施工过程的时间分为净工作时间和辅助消耗时间。

净工作时间是指工人利用机械对劳动对象进行加工,用于完成基本操作所消耗的时间。净工作时间主要包括:机械的有效工作时间(机械直接为完成产品而工作的时间)、机械在工作循环中的不可避免的无负荷(即运转)时间、与操作有关的循环的不可避免的中断时间(机械在生产循环中,由于工艺上或技术组织上的原因而发生停机的时间)。

辅助消耗时间包括定时的不可避免的无负荷工作时间,工人休息时机械不可避免的中断时间,工人进行准备与结束工作时的中断时间、定时的中断时间。

施工机械的正常利用系数是指机械在工作班内对工作时间的利用率。确定机械正常利用系数要计算工作班在正常状况下,准备与结束工作,机械启动、机械维护等工作所必须消耗的时间,以及机械有效工作的开始与结束时间,从而计算出机械在工作班内的净工作时间和机械正常利用系数。

机械正常利用系数计算公式为:

$$K_B = \frac{T_j}{T} \tag{3-26}$$

式中:K_B——机械正常利用系数;
T_j——机械的净工作时间;
T——工作班延续时间。

(四)计算施工机械定额

1. 机械台班产量定额

$$D_c = d \times T \times K_B \tag{3-27}$$

式中:D_c——机械台班的产量定额;
d——小时生产率;
T——工作班延续时间;
K_B——机械正常利用系数。

2. 机械时间定额

$$D_s = \frac{1}{D_c} \tag{3-28}$$

式中:D_s——机械台班的时间定额;
D_c——机械台班的产量定额。

【例3-14】 用工作量写实法确定8t自卸汽车运输路基土方(装载机装车)的机械定额。已知各项基础参数如表3-7所示。

基 础 参 数　　　　　　表3-7

项 目	装车时间	卸车时间	调位时间	运行时间	
				重载	空车
时间消耗(min)	3.305	1.325	2.250	11.952	10.676

假设天然密实方的土方密度为$2.2t/m^3$,如果自卸汽车的机械正常利用系数取0.8,试计算该自卸汽车的时间定额。

解 根据题意,可知汽车循环一次的作业时间

$$t = \sum_{i=1}^{n} t_i = 3.305 + 1.325 + 2.250 + 11.952 + 10.676 = 29.508(\min)$$

自卸汽车的小时生产率 $d = \dfrac{60}{29.508} \times 8 \div 2.2 = 7.39(\text{m}^3/\text{h})$

自卸汽车的产量定额 $D_c = 7.39 \times 8 \times 0.8 = 47.296(\text{m}^3/台班)$

自卸汽车的时间定额 $D_s = 1/47.296 = 0.0211$ 台班$/\text{m}^3 = 21.1$(台班$/1000\text{m}^3$)

三、施工机械台班使用定额编制示例

1. 推土机的定额测算

(1)推土机的小时生产率

$$d = \frac{60}{t} \times \frac{Q}{r_s} \times K_p \tag{3-29}$$

式中:d——小时生产率(m^3/h);

Q——刀片容量,理论上计算的松散体积(m^3);

r_s——土最初的松散系数,指土经挖掘后的松散体积与原自然体积之比;

K_p——坡度影响系数,平地取1.0,上坡(坡度5%~10%)取0.5~0.7,下坡(坡度5%~15%)取1.3~2.3;

t——每一循环的延续时间(min):

$$t = \frac{L_1}{v_1} + \frac{L_2}{v_2} + \frac{L_1 + L_2}{v_3} + t_a + t_b \tag{3-30}$$

其中:L_1——推(切)土长度(m);

L_2——送土长度(m);

v_1——推土时推土机的行驶速度(m/min);

v_2——送土时推土机的行驶速度(m/min);

v_3——回程时推土机的行驶速度(m/min);

t_a——推土机转向时间(min);

t_b——推土机换挡时间(min)。

(2)台班产量定额

$$D_c = d \times 8 \times K_b \quad (\text{m}^3/台班) \tag{3-31}$$

式中:D_c——台班产量定额($\text{m}^3/台班$);

d——小时生产率(m^3/h);

K_b——时间利用系数,取0.8~0.85。

2. 铲运机的定额测算

(1)铲运机的小时生产率

$$d = \frac{60}{t} \times \frac{q}{r_s} \times K_0 \tag{3-32}$$

式中:d——小时生产率(m^3/h);

q——铲斗的几何容积(m^3);

r_s——土最初的松散系数;

K_0——铲斗的充盈系数,指装入铲斗内土的体积与铲斗几何容积之比,一般砂土为0.75,其他土为0.85~1.0,最高可达1.3;

t——每一循环的延续时间(min):

$$t = \frac{L_1}{v_1} + \frac{L_2}{v_2} + \frac{L_3}{v_3} + \frac{L_4}{v_4} + t_a + t_b \tag{3-33}$$

式中:L_1、L_2、L_3、L_4——分别为铲土、运土、卸土、空回的行驶长度(m);

v_1、v_2、v_3、v_4——分别为铲土、运土、卸土、空回的行驶速度(m/min);

t_a——铲运机转向时间(min);

t_b——铲运机换挡时间(min)。

(2)台班产量定额

$$D_c = d \times 8 \times K_b \tag{3-34}$$

式中:D_c——台班产量定额(m^3/台班);

d——小时生产率(m^3/h);

K_b——时间利用系数,取0.75~0.80。

3. 挖掘机的定额测算

(1)挖掘机的小时生产率

$$d = \frac{60}{t} \times \frac{q}{r_s} \times K_c \tag{3-35}$$

式中:d——小时生产率(m^3/h);

q——挖斗的几何容积(m^3);

r_s——土最初的松散系数;

K_c——挖斗挖土的充盈系数;

t——每一循环的延续时间(min)。

(2)台班产量定额

$$D_c = d \times 8 \times K_b \tag{3-36}$$

式中:D_c——台班产量定额(m^3/台班);

d——小时生产率(m^3/h);

K_b——时间利用系数,取0.75~0.80。

4. 自卸汽车的定额测算

(1)自卸汽车的小时生产率

$$d = \frac{60}{t} \times m \tag{3-37}$$

式中:d——小时生产率(m^3/h);

m——每车定额容量,即平均装载量:

$$m = \frac{q \times K_c}{r_s} \quad \text{或} \quad m = \frac{q_0 \times K_d}{\rho} \tag{3-38}$$

式中：q——自卸汽车车厢几何容积（m^3），对于车厢无后挡板的，应根据车厢有关尺寸和土的自然倾角进行计算；

r_s——土最初的松散系数；

K_c——车厢装载的充盈系数；

q_0——自卸汽车的设计载重量（t）；

K_d——自卸汽车载质量利用系数（0.95~1）；

ρ——土的密度（t/m^3）；

t——每一循环的延续时间（min），可以用下式计算：

$$t = \frac{2L}{v} + t_a + t_b + t_c + t_d \tag{3-39}$$

式中：L——装车地点至卸料点的路程；

v——行驶速度（m/min），指重车平均行驶速度与空车行驶速度的算术平均速度；

t_a——调位时间（min）；

t_b——卸车时间（min）；

t_c——装车时间（min）；

t_d——候车时间（min）。

(2) 台班产量定额

$$D_c = d \times 8 \times K_b \tag{3-40}$$

式中：D_c——台班产量定额（m^3/台班）；

d——小时生产率（m^3/h）；

K_b——时间利用系数，一般在 0.8 左右。

5. 混凝土搅拌机的定额测算

(1) 混凝土搅拌机的小时生产率

$$d = \frac{60}{t} \times m \times K_A \tag{3-41}$$

式中：d——小时生产率（m^3/h）；

m——搅拌机的设计容积（m^3）；

K_A——混凝土出料系数（混凝土出料体积与搅拌机设计容积之比）；

t——每一个循环的延续时间（min）。

(2) 台班产量定额

$$D_c = d \times 8 \times K_b \tag{3-42}$$

式中：D_c——台班产量定额（m^3/台班）；

d——小时生产率（m^3/h）；

K_b——时间利用系数。

6. 沥青混合料摊铺机的定额测算

(1) 沥青混合料摊铺机的小时生产率

$$d = h \times B \times v \times P \quad (t/h) \quad 或 \quad d = h \times B \times v \quad (m^3/h) \tag{3-43}$$

式中：d——摊铺机生产率（m^3/h 或 t/h）；

h——摊铺厚度(m);
B——摊铺带宽度(m);
v——摊铺工作速度(m/h);
P——沥青混合料密度(t/m^3)。

(2)台班产量定额

$$D_c = d \times 8 \times K_b \tag{3-44}$$

式中:D_c——台班产量定额(m^3/台班或 t/台班);
d——小时生产率(m^3/h 或 t/h);
K_b——时间利用系数,一般取 0.75。

7. 起重机的定额测算

(1)起重机的小时生产率

$$d = \frac{60}{t_a + t_b + t_c} \times m \tag{3-45}$$

式中:t_a——起重机独立工作的循环组成部分的延续时间(min);
t_b——起重机和安装工人协同工作的循环组成部分的延续时间(min);
t_c——每一循环中不可避免的中断时间(min)。
m——起重机的设计起重量(t)。

(2)台班产量定额

$$D_c = d \times 8 \times K_b \tag{3-46}$$

式中:D_c——台班产量定额(t/台班);
d——小时生产率(t/h);
K_b——时间利用系数,一般取 0.85~0.90。

【例3-15】 某路基土方工程,设计计算有天然密实方6000m^3,采用0.5m^3的反铲挖掘机挖土,载质量5t的自卸汽车运土,经现场测试的有关数据如下:
(1)假设土的松散系数为1.2,松散状态密度为1.65t/m^3;
(2)假设挖掘机的铲斗充盈系数为1.0,每循环1次为2min,机械时间利用系数为0.85;
(3)自卸汽车每一次装卸往返需24min,时间利用系数为0.8("时间利用系数"仅限于计算机械定额时使用)。

问题:
(1)所选挖掘机、自卸汽车的台班产量是多少?
(2)完成1000m^3 天然密实方,挖掘机、自卸汽车的时间定额是多少?
(3)所需挖掘机、自卸汽车各多少台班?
(4)如果要求在20d内完成土方工程,至少需用多少台挖掘机和自卸汽车?

解 (1)计算挖掘机、自卸汽车的台班产量
①挖掘机的台班产量
每小时正常循环次数:60÷2 = 30(次)
纯工作1h正常生产率:30×0.5×1.0 = 15(m^3/h)
时间利用系数:0.85
台班产量:8×0.85×15 = 102(m^3/台班)

②自卸汽车的台班产量

每小时正常循环次数:$60 \div 24 = 2.5$(次)

纯工作 1h 正常生产率:$2.5 \times 5 \div 1.65 = 7.58(m^3/h)$

时间利用系数:0.8

台班产量:$8 \times 0.8 \times 7.58 = 48.51(m^3/台班)$

(2)计算挖掘机、自卸汽车的时间定额

每挖 $1000m^3$ 天然密实方所需挖掘机的时间定额:$1000 \div 102 = 9.804$(台班/$1000m^3$)

每挖 $1000m^3$ 天然密实方所需自卸汽车的时间定额:$1000 \times 1.20 \div 48.51 = 24.737$(台班/$1000m^3$)

注:此处注意开挖是天然密实方,而运输是按松散状态计算。

(3)计算所需挖掘机、自卸汽车的台班数量

所需挖掘机台班数:$6000 \div 102 = 58.85$(台班)

所需自卸汽车台班数:$6000 \times 1.20 \div 48.51 = 148.42$(台班)

(4)计算所需挖掘机、自卸汽车的数量

要求在 20 天内完成土方工程,则:

需用挖掘机台数:$58.82 \div 20 = 2.94$(台),应配备 3 台。

需用自卸汽车台数:$148.42 \div 20 = 7.42$(台),应配备 8 台。

任务五　施工定额的组成和应用

(1)公路工程施工定额的组成;

(2)公路工程施工定额的应用方法。

公路工程施工定额是由交通运输部公路工程定额站颁布的劳动定额,可供没有能力编制施工定额的施工企业参考使用。本任务要求学生熟悉公路工程施工定额的组成,并掌握施工定额的基本套用方法和定额调整的方法。

如前所述,施工定额是企业内部管理的定额,应由各施工企业自行编制、颁发和执行。但是,由于种种原因,目前很多公路施工企业都没有编制系统的本企业的施工定额,这显然不利于企业管理水平和市场竞争力的提高。

交通运输部公路工程定额站为了获取编制预算定额的基础数据,通过调查研究及综合分析各省、自治区、直辖市交通运输厅(局、委员会)及部分大型公路施工企业提供的公路工程施工定额资料,并参照其他有关部门的劳动定额编制出《公路工程施工定额》。现行的《公路工程施工定额》(2009 版)主要以交通部在 2007 年以前颁布的各项施工及验收技术规范、安全操作规程及其他有关规定为依据,对 1997 年颁布的《公路工程施工定额》进行了修订,是编制

2007 年颁布执行的《公路工程预算定额》(JTG/T B06-02—2007)的主要依据。

无论是公路施工企业内部的施工定额还是交通运输部作为编制预算定额依据的《公路工程施工定额》,其编制原则、依据、方法都是相同的,在内容和形式上也应该是相似的。因此,为了说明施工定额的组成和应用,本书以交通运输部 2009 年《公路工程施工定额》为例进行阐述。

一、《公路工程施工定额》的组成

《公路工程施工定额》内容包括文字说明、定额表和附录三部分。

(一)文字说明部分

文字说明部分又分为总说明和章说明。

1. 总说明

施工定额总说明包括以下内容:
(1)定额编制的依据。
(2)定额所有章节包括的内容。
(3)工程质量要求。
(4)有关规定和计算方法。

例如总说明第三条,除各章节列出具体的工作内容外,均包括:准备、结束、熟悉施工图纸、检查安全技术措施、布置操作地点、领退料具、工序交接、队组自检互检、机械加油加水、排除一般机械故障、保养机具、操作完后场地清理等操作过程中的次要工序,以及汽车在 5km、其他自行式机械在 1km 内由停车场至工作地点的往返空驶。

2. 章说明

章说明的基本内容有:术语说明;施工方法;本章定额表均包括的工作内容;定额调整规定;工程计量方法;质量要求。

(二)定额表部分

定额表又可分为表头、表格和表注。

《公路工程施工定额》根据不同的工程项目施工组织与方法,分为准备工作、路基、路面、隧道、基础、打桩、灌注桩造孔、砌筑、模板、架子及木作、钢筋及钢丝束、混凝土及钢筋混凝土、预制构件运输、安装、钢结构、杂项工程、临时工程、备料、材料运输等 18 章及附件组成,每章再细分为若干节。

1. 表头

表头包括表号及表名、工作内容和定额计量单位。

2. 表格

表格包括劳动定额表和机械定额表。

(1)劳动定额

劳动定额包括时间定额和产量定额,当用分式表示时,分子为时间定额,分母为产量定额。时间定额以工日为单位,公路工程每个工日工作时间按现行制度除潜水作业按 6h,隧道洞内作业按 7h 外,均按 8h 计。

(2)机械定额

机械定额包括时间定额和产量定额,当用分式表示时,分子为时间定额,分母为产量定额。

时间定额以台班为单位,每个台班工作时间一般按 8h 计算,潜水设备按 6h 计算,变压器和配电设备按 24h 计算。

3. 表注

有些定额表下面有附注,主要是根据施工条件变更的情况,规定定额的调整方法。表注是对定额表的补充,也是对定额使用的限制。

例如《公路工程施工定额》第 93 页(表 3-8)。

施 工 定 额 表　　　　　　　　　　　　　　表 3-8

3-21　水泥混凝土路面

工作内容:模板:木模制作,模板安装、拆除、修理、涂脱模剂。
　　　　　钢筋、套管:钢筋、套管制作,刷沥青,安装。
　　　　　混凝土:扒平、浇捣、提浆,铺真空吸垫、真空吸水机吸水,抹平、压纹、养护。
　　　　　切缝:放样,打线,供水,切缝机切缝,更换刀片,移动机械。
　　　　　灌胀缩缝:清理胀缩缝内的杂物,配料,灌胀缩缝填料,刮平。
　　　　　20m 内取运料。

表列单位的劳动、机械定额

项目	模板					混凝土			切缝机切缝	灌胀缩缝填料	钢筋、套管制作安装	序号
	木模			钢模		浇捣提浆	真空吸水	抹平、压纹、养护				
	制作	安装	拆除	安装	拆除							
	10m² 模板接触面积					m³	100m²		10m		t	
劳动定额	$\frac{1.44}{0.694}$	$\frac{1.08}{0.926}$	$\frac{0.55}{1.818}$	$\frac{0.788}{1.269}$	$\frac{0.45}{2.222}$	$\frac{0.562}{1.779}$	$\frac{0.846}{1.182}$	$\frac{2.39}{0.418}$	$\frac{0.2}{5}$	$\frac{0.167}{5.988}$	$\frac{7.21}{0.139}$	一
机械定额	—	—	—	—	—	—	$\frac{0.331}{3.021}$	—	$\frac{0.105}{9.524}$	—	$\frac{0.333}{3.003}$	二
编号	1	2	3	4	5	6	7	8	9	10	11	

注:机械定额中钢筋、套管制作安装的机械指钢筋切断机;真空吸水的机械指真空吸水机组;切缝机切缝的机械指混凝土切缝机。

(三)附录部分

在《公路工程施工定额》定额表中没有材料消耗定额。附录中列出了爆破材料单位耗用量、砌筑工程石料及砂浆消耗、勾缝及抹面砂浆消耗、砌筑砂浆配合比表、水泥混凝土配合比表、钢材焊接与切割单位材料耗用量、加工碎石的片石耗用量、土石分类表和锯材分类表等部分材料消耗定额。

二、《公路工程施工定额》的应用

《公路工程施工定额》通常用于编制补充的预算定额,也可以作为公路施工企业编制施工定额的参考。

无论是编制预算定额,还是进行企业内部管理,在查用施工定额时,一般是根据工程项目、工作内容、工程量确定人工工日、机械台班、材料的需要量。在给施工班、组下达施工任务时,则是根据工程项目、工作内容、可投入的劳动力数量或机械台数确定应完成的工程量。

工程项目对应于定额表名,可从定额目录中找到所在章节及页码。工程量应按设计图纸、施工需要、定额表的计量单位以及总说明和章说明中有关工程量计算规则确定。工作内容应与定额总说明和章说明中已包括工作内容、定额表中的工作内容仔细对比。根据情况不同,施工定额值的应用方法,可分为直接套用和换算调整两种。

(一)直接套用

当工程项目的设计要求、施工条件及施工方法与定额项目的内容、条件及规定完全一致时,可直接套用。

【例 3-16】 某路基开挖工程,其中人工挖运槽外土方 200m³,均为硬土,手推车运输 50m,试计算需多少工日?

解 (1)查《公路工程施工定额》,第 2 章路基工程、第 2 节"人工挖运土方",定额表如下(表 3-9)。

表 3-9

2-2 人工挖运土方

工作内容:挖运:挖、装、运 20m,卸土,空回。
　　　　　增运:平运 10m,空回。

每 $1m^3$ 的劳动定额

项　　目	第一个 20m 挖运						每增运 10m		序号
	槽外			槽内					
	松土	普通土	硬土	松土	普通土	硬土	挑运	手推车	
时间定额 每工产量	0.158 6.329	0.231 4.329	0.33 3.03	0.177 5.65	0.269 3.717	0.379 2.639	0.025 40	0.01 100	—
编号	1	2	3	4	5	6	7	8	

(2)计算所需工日。

槽外土方 200m³ 第一个 20m 挖运硬土,定额编号为 2-3-3,有

$0.33 \times 200 = 66(工日)$

增运定额编号为 2-2-8,有

增运运距 $= 50 - 20 = 30(m)$

增运定额 $= 0.01 \times \dfrac{30}{10} \times 200 = 6(工日)$

$66 + 6 = 72(工日)$

故本项工程共需 72 工日。

【例 3-17】 某路面 5720m²,拟采用手扶自行式划线车进行划线,要求 10 天完成任务,试确定所需工人数和机械台数。

解 (1)查《公路工程施工定额》,第 3 章路面工程、第 33 节"路面标线",定额表如下(表 3-10)。

表 3-10

3-33 路面标线

工作内容:清扫放样,喷漆画线,维护交通。

每 100m² 标线面积的劳动、机械定额

项 目		喷漆画线			序号
		人工画线	手扶自行式画线车	汽车式画线车	
劳动定额		$\dfrac{5}{0.2}$	$\dfrac{4.71}{0.212}$	$\dfrac{2.07}{0.483}$	一
机械定额	2.2kW 以内手扶自行式画线车	—	$\dfrac{0.524}{1.908}$	—	二
	55kW 以内汽车式画线车	—	—	$\dfrac{0.312}{3.205}$	三
编号		1	2	3	

(2)计算施工人数:

$5720 \div (0.212 \times 100 \times 10) = 27(人)$

(3)计算 2.2kW 以内手扶自行式画线车台数:

$5720 \div (1.91 \times 100 \times 10) = 3(台)$

(二)换算调整

当工程项目的设计要求、施工条件、施工方法与定额项目的内容及规定不完全一致时,应按定额总说明、章说明或标注有关规定换算调整。具体方法有系数调整和增减调整等。

【例 3-18】 某路基土方工程,其中有 $3000m^3$(天然密实方)拟采用斗容量 $10m^3$ 以内的自行式铲运机铲运,土质为普通土,平均运距为 200m,试确定所需机械台班数量。

解 (1)查《公路工程施工定额》,第 2 章路基工程、第 9 节"拖式铲运机铲运土方",定额表如下(表 3-11)。

表 3-11

2-9 拖式铲运机铲运土方

工作内容:铲土,运土,卸车,空回,推土机整理卸土。

每 $100m^3$ 的机械定额

项 目		第一个 100m			每增运 50m			序号
		松土	普通土	硬土	松土	普通土	硬土	
铲运机斗容量 (m^3)	8 以内	$\dfrac{0.273}{3.663}$	$\dfrac{0.337}{2.967}$	$\dfrac{0.419}{2.387}$	$\dfrac{0.054}{18.519}$	$\dfrac{0.0602}{16.611}$	$\dfrac{0.0673}{14.859}$	一
	10 以内	$\dfrac{0.214}{4.673}$	$\dfrac{0.264}{3.788}$	$\dfrac{0.33}{3.03}$	$\dfrac{0.0423}{23.641}$	$\dfrac{0.0473}{21.142}$	$\dfrac{0.0529}{18.904}$	二
	12 以内	$\dfrac{0144}{6.944}$	$\dfrac{0.188}{5.319}$	$\dfrac{0.229}{4.367}$	$\dfrac{0.0315}{31.746}$	$\dfrac{0.035}{28.571}$	$\dfrac{0.0386}{25.907}$	三
编号		①	②	③	④	⑤	⑥	

注:1.采用自行式铲运机铲运土方时,时间定额乘以 0.7 系数。
 2.铲土区土层的平均厚度应不小于 30cm,若小于 30cm 时,时间定额乘以 1.18 系数。
 3.铲运含石量大于 30% 的土壤或爆破后的软石,时间定额按硬土定额乘以 1.11 系数。
 4.用 75kW 以内推土机配合施工,松土、普通土每 7 台铲运机配 1 台,硬土每 5 台铲运机配 1 台。

（2）计算机械台班数量。

本项目的定额编号为2-9-2-二和2-9-5-二，则

$$\left(0.264+0.473\times\frac{200-100}{50}\right)\times\frac{3000}{100}=10.758(台班)$$

根据定额表注第1条，还应乘以调整系数0.70，有

$10.758\times0.7=7.53(台班)$

【例3-19】 某桥梁工程基础工程需浇注混凝土20m³，拟采用手推车运输、扒杆吊运、人工捣固的施工方法，试确定需劳动工日数。

解 （1）查《公路工程施工定额》，第11章混凝土及钢筋混凝土工程、第4节"卷扬机或扒杆吊运浇注混凝土"，定额表如下（表3-12）。

11-4 卷扬机或扒杆吊运浇筑混凝土 表3-12

工作内容：卷扬机或扒杆配吊斗浇筑混凝土，振捣、抹平等。

每1m³的劳动、机械定额

项目	天然基础、承台	支撑梁（人工捣固）	现浇混凝土				灌注桩		管桩填心	轻型、薄壁墩台		序号
			沉井				桩长(m)			高度(m)		
			井壁	封底	填心	封顶	30以内	30以外		10以内	20以内	
劳动定额	$\frac{0.559}{1.789}$	$\frac{2.25}{0.444}$	$\frac{1.15}{0.87}$	$\frac{1.78}{0.562}$	$\frac{0.788}{1.269}$	$\frac{1.24}{0.806}$	$\frac{1.39}{0.719}$	$\frac{1.45}{0.69}$	$\frac{3.35}{0.299}$	$\frac{1.41}{0.709}$	$\frac{1.75}{0.571}$	一
机械定额	—	—	—	—	—	—	$\frac{0.087}{11.494}$	$\frac{0.091}{10.989}$	—	$\frac{0.088}{11.364}$	$\frac{0.109}{9.174}$	二
编号	1	2	3	4	5	6	7	8	9	10	11	

（2）计算劳动工日数。

本项目的定额编号为11-4-1（一），根据第11章说明中关于"定额中混凝土捣固除注明者外，均为机械捣固。如需人工捣固时，每立方米混凝土增加0.1工日"的规定，则有：

$(0.559+0.1)\times20=13.18(台班)$

能力训练

一、思考题

1. 施工定额的性质是什么？作用有哪些？
2. 劳动定额的编制方法有哪些？
3. 材料消耗定额的分类方式有哪些？
4. 简述机械台班定额的编制步骤。

二、计算题

1. 人工挖路基土方，土壤为普通土，挖1m³需消耗基本工作时间75min，辅助工作时间占

定额时间的5%,准备与结束工作时间占定额时间的5%,不可避免的中断时间占定额时间的5%,休息时间占定额时间的5%。试计算该人工挖土方工程的时间定额和产量定额。

2. 某混凝土工程的观察测时,对象是6名工人,符合正常施工条件,整个过程完成的工程量为32m³混凝土。基本工作时间300min,因没有水泥而停工时间15min,因停电耽误时间12min,辅助工作时间占基本工作时间1%,准备结束时间为20min,工人上班迟到时间8min,不可避免中断时间测时为10min,休息时间占定额时间的20%,下班早退时间5min。试计算时间定额和产量定额。

3. 用工作日写实法测算某项工作完成10m³的测时数据见题表3-1。

测 时 数 据　　　　　　　　　　　　　　　　　　　题表3-1

项　目	测时编号									
	1	2	3	4	5	6	7	8	9	10
耗时(h)	20	25	26	29	27	28	28	25	21	22

要求:(1)使用二次平均法计算该工作完成的平均先进实耗工时,并确定该工作的劳动定额;

(2)使用概率测算法确定欲使35%的工人能够达到或超过的平均先进实耗工时,并确定该工作的劳动定额。

4. 已知1m³水泥混凝土需要32.5级水泥377kg,中(粗)砂0.42m³,碎石0.86m³,通过现场技术测定,取水泥混凝土预制T形梁的施工损耗率为2%,那么每10m³T形梁实体需要水泥、中(粗)砂、碎石用量为多少?

5. 某盖板涵工程,预制矩形板的长13m,宽1m,厚0.25m,采用C30水泥混凝土预制施工,已知预制水泥混凝土的施工损耗率为1%,每1m³的C30水泥混凝土中含有32.5级水泥406kg,中(粗)砂0.46m³,碎石(2cm)0.79m³,矩形板预制采用8mm厚的钢模板,考虑底模,模板连接部位占模板用量的10%,钢模板施工损耗可不计,钢模板的最大周转次数可达到120次,已知钢模板的密度为7.85t/m³,取每10m³盖板涵实体体积为定额单位,求预制盖板涵混凝土组成材料和模板材料的定额(钢模板的计量单位为t)。

6. 某挖掘机开挖土方工程,挖斗容量为1m³,挖掘机循环作业一次的平均作业时间为3min,已知该挖掘机的时间利用系数为0.8,若定额单位取1000m³,试问该挖掘机的时间定额为多少?

7. 某中粒式沥青混凝土路面宽度13m,厚度为10cm,路段长度为2km,采用履带式摊铺机进行摊铺,载重量8t自卸汽车运输,已知摊铺机3h内行进距离为90m,摊铺机时间利用系数取0.8,自卸汽车往返拌和楼和施工现场的时间为30min,自卸汽车时间利用系数取0.85,已知该工地只有一台摊铺机,问该工程的总工期为几天?每一台摊铺机需配备几辆自卸汽车?(已知沥青混凝土的密度为2.36t/m³)

8. 某路基土方工程,其中有5000m³(天然密实方)拟采用斗容量12m³以内的自行式铲运机铲运,土质为松土,平均运距为300m,试按照公路工程施工定额确定所需机械台班数量。若工期为7d,需要准备几台铲运机?

9. 某路面画标志标线的面积为6840m²,拟采用汽车式画线车进行画线,要求15d完成任务,按照公路工程施工定额确定所需工人数和汽车式画线车的台数。

项目四 预算定额的编制与运用

【概述】 预算定额是在施工定额的基础上,在合理的施工组织和正常的施工条件下,确定的一定计量单位的分项工程或结构构件上的劳动力、材料和机械消耗量的数量标准。本项目主要介绍公路工程预算定额的概念、作用以及内容组成,并结合实例讲述预算定额的编制方法和套用方法。

任务一 认识预算定额

学习目标

(1)熟悉预算定额的定义和作用;
(2)掌握预算定额的组成。

任务描述

公路工程预算定额是工程造价文件编制过程中使用很广泛的一种定额。本任务要求学生了解预算定额的定义和作用,掌握预算定额的内容组成,要求学生了解预算定额在工程定额体系中的地位。

一、预算定额的定义及作用

(一)预算定额的定义

预算定额是指在合理的施工组织和正常的施工条件下,确定的一定计量单位的分项工程或结构构件上的劳动力、材料和机械消耗量的数量标准,它是在施工定额的基础上,按照国家的方针、政策编制的,经过国家或授权机关批准的、具有权威性质的一种指标性文件。

预算定额是编制施工图预算的依据,也是编制工程概算定额的基础,适用于公路基本建设新建、改建工程,不适用于独立核算执行产品出厂价格的构件厂生产的构配件。对于公路养护的大、中修工程,可参考使用。

(二)预算定额的作用

1. 预算定额是国家对基本建设项目投资进行计划管理的重要依据

预算定额在定额体系中处于承上启下的位置,国家通过对预算定额的调节,可以对建设项目进行宏观控制,实现基本建设项目投资的计划管理。

2. 预算定额是编制施工图预算,确定和控制项目建筑安装工程造价的基础

施工图预算是施工图设计文件之一,是控制和确定建筑安装工程造价的必要手段。预算定额是确定一定计量单位分项工程人工、材料、机械的消耗量的依据;也是计算分项工程费用的基础。预算定额对建筑安装工程直接工程费影响较大。

3. 预算定额是对设计、施工方案进行技术经济分析和比较的依据

设计方案在设计工作中居于中心地位,根据预算定额可以对方案进行技术经济分析和比较,是选择经济合理设计方案的重要方法。对设计方案进行比较,主要是通过定额对不同方案所需人工、材料和机械台班消耗量、材料重量、材料资源等进行比较。通过比较可以判明不同方案对工程造价的影响。

4. 预算定额是编制施工组织设计,确定各种资源需求量的依据

在公路工程设计的各个阶段,必须编制相应的施工组织设计文件。根据预算定额确定的劳动力、建筑材料、成品、半成品和施工机械台班的需用量,可以为组织材料供应和预制构件加工、平衡劳动力和施工机械提供可靠依据。

5. 预算定额是评价施工企业劳动生产率与管理水平的依据

预算定额反映了我国公路基本建设一定时期内的科学技术和生产力发展水平,以定额消耗量为标准,通过比较可以评价施工企业的劳动生产率与管理水平。

6. 预算定额是合理编制标底、投标报价的重要参考

建设单位在工程招标编制标底时应以预算定额为基础,施工单位投标报价应采用企业定额,也可以预算定额作为投标报价的参考。

7. 预算定额是编制概算定额和估算指标的基础

概算定额和估算指标就是在预算定额基础上经综合扩大编制而成的。

二、预算定额的特点

1. 法规性

预算定额的性质属于计价定额,是由行业行政主管部门编制与颁发的一项重要的技术经济法规,它为公路工程建设提供了统一的核算、评价尺度。工程建设有关单位可以根据预算定额将各种资源消耗控制在合理水平,以此控制与指导固定资产的投资规模与效益。

2. 科学性

预算定额是根据国家现行的公路工程施工技术及验收规范、质量评定标准及安全操作规程,结合大多数企业的机械化水平、平均劳动熟练程度和强度,通过科学试验与理论计算测定的,它反映了我国一定时期内公路基本建设的科学技术和生产力发展水平。

3. 综合性

预算定额是在施工定额的基础之上,对施工定额的项目加以扩大和综合而编制的,并考虑到人工和机械定额一些琐碎工作难以一一计算,施工中可能出现一些事先无法估计的工作及影响效率的因素。预算定额采用的产品单位比施工定额大,如时间以工日、台班计,产品单位

以 1000m^2、10m^3 等计。

4. 灵活性

由于公路产品的单件性,每一工程项目的设计和施工都会出现与预算定额中某些分项工程或结构构件不一致的情况,为了在执行过程中能够适应每一项工程的实际状况,预算定额规定:对于某些部分可以根据工程设计的具体情况,对定额中相应分项工程的有关实物消耗指标进行调整和抽换。

三、预算定额的内容

现行《公路工程预算定额》(JTG/T 3832—2018)(以下简称预算定额),内容包括路基工程、路面工程、隧道工程、桥涵工程、交通工程及沿线设施、绿化及环境保护工程、临时工程、材料采集及加工、材料运输等九章及附录。

预算定额由颁发定额的公告,总说明,目录,各种工程的章、节说明,定额表及附录等组成。

(一)颁发定额的公告

指刊印在定额前部分的政府主管部门(交通运输部)关于发布定额及施行日期,阐明定额性质、适用范围及负责解释部门等的法令性文件。

(二)总说明

(1)预算定额的指导思想、编制依据、适用范围以及定额的作用;
(2)预算定额的编制原则、主要依据及上级下达的有关定额修编文件;
(3)对各章、节都适用的统一规定;
(4)定额所采用的标准及允许抽换定额的原则;
(5)定额中包括的章节;
(6)对定额中未包括的项目需编制补充定额的规定。

总说明是各章说明的总纲,具有统管全局的作用。预算定额总说明共有 20 条。使用定额时应仔细阅读,认真理解,切实掌握,适当记忆总说明,否则稍有疏忽,将产生错误,从而影响分析计算成果。

(三)目录

目录位于总说明之后,简明扼要地反映定额的全部内容及相应的页码,对查用定额起索引作用。由于现行预算定额分上、下两册,故在总目录后,增加了上、下册目录。

(四)章、节说明

根据工程项目特点及性质的不同,各章又分出若干小节。除附录外,各章节前面均附有说明。章节说明主要介绍本章节工程项目的共性问题、工程量的计算方法和规则、计算单位、尺寸的起、讫范围、应增加或扣除的部分以及计算使用的系数和附表等。它是工程量计算及应用定额的基础,必须全面准确地掌握,以防止错误发生。

(五)定额表

定额表是各种定额最基本的组成部分,它是定额指标数量的具体表示,如表 4-1 所示。定额表内容及形式包括。

预算定额表内容及形式 表 4-1

4-7-4 预制圆管涵

工程内容:1)搭、拆临时脚手架、跳板;2)制作、安、拆、修理、涂脱模剂、堆放;3)钢筋除锈、下料、弯曲、电焊、绑孔;4)混凝土浇筑、捣固及养护。

单位:表列单位

顺序号	项目	单位	代号	混凝土		预制圆管涵	
				预制圆管管径(m)		钢筋	冷拔低碳钢丝
				1.0以内	2.0以内		
				10m³ 实体		1t	
				1	2	3	4
1	人工	工日	1001001	43.7	32.8	6	6.4
2	普 C30-32.5-2	m³	1503009	10.10	10.10	—	—
3	HPB300 钢筋	t	2001001	—	—	1.025	0.336
4	冷拔低碳钢丝	t	2001012	—	—	—	0.699
5	20~22 号铁丝	kg	2001022	—	—	4.62	4.45
6	钢模板	t	2003025	0.118	0.074	—	—
7	电焊条	kg	2009011	—	—	—	0.95
8	水	m³	3005004	16	16	—	—
9	中(粗)砂	m³	5503005	4.65	4.65	—	—
10	碎石(2cm)	m³	5505012	7.98	7.98	—	—
11	32.5 级水泥	t	5509001	4.101	4.101	—	—
12	其他材料费	元	7801001	21.2	16	—	—
13	5t 以内汽车式起重机	台班	8009025	0.61	0.46	—	—
14	32kV·A 以内交流电弧焊机	台班	8015028	—	—	—	0.16
15	小型机具使用费	元	8099001	4.8	4.9	4.7	4.5
16	基价	元	9999001	8111	6615	4081	5165

注:表中的表号 4-7-4 是定额的真正表号。

(1)表号及定额表的名称

定额是由大量的定额表组成的,每张定额表都具有自己的表号和表名。如表 4-1 所示,表上方"4-7-4"为表号,其含义是第 4 章第 7 节第 4 表。"预制圆管涵"是定额表的名称。

(2)工程内容

工程内容位于定额表的左上方。主要说明本定额表所包括的主要操作内容。查定额时,必须将实际发生的操作内容与表中的工程内容相对照,若不一致时,应按照章(节)说明中的规定进行调整或抽换。

(3)定额单位

位于定额表的右上方,如表 4-1 中"单位:10m³ 实体及 1t 钢筋"。定额单位是合格产品的计量单位,实际的工程数量应是定额单位的倍数。当定额表有两个或两个以上定额单位时,其定额值不能叠加,而应按不同的定额单位分开单列。

(4)顺序号

顺序号是定额表中的第 1 项内容,如表 4-1 中"1,2,3…"顺序号表征人工、材料、机械及费用的顺序号,起简化说明的作用。

(5)项目及项目单位

项目是定额表中第 2 项内容,如表 4-1 中"人工、普 C30-32.5-2…"项目是本定额表中工程所需的人工、材料、机具、费用的名称和规格。项目单位是指各项目内容所对应的单位。

(6)代号

代号系采用计算机编制概预算时,作为对工、料、机械名称识别的符号,不可随便变动。编码共采用 7 位,第 1、2 位按照工、料、机的类型进行编制,例如配合比材料、路面混合料及制(成)品等材料代号前两位均为 15,第 3、4 位采用奇数编制,后 3 位采用顺序编制。当编制补充定额时,遇有新增材料或机械名称,编码采用同样方法编制,第 1、2 位取相近品种材料或机械代号,但第 3、4 位采用偶数编制。

(7)工程细目

工程细目表征本定额表所包括的具体内容,如表 4-1 中"管径 1.0 以内"等。但要注意,定额细目表中注明"某某数以内"或"某某数以下"者,均包括某某数本身;而注明"某某数以外"或"某某数以上"者,则不包括某某数本身。

(8)栏号

栏号是指工程细目的编号,如"管径 1.0 以内"的定额栏号为"1","普通钢筋"的定额栏号为"3"。

(9)定额值

定额值是表中各种资源消耗量的数量值。

(10)基价

基价是指该工程细目以规定的工、料、机基价计算的工程价格,它是人工费、材料费、机械使用费的合计价值。基价中的人工费、材料费按附录四计算,机械使用费按《公路工程机械台班费用定额》(JTG/T 3833—2018)计算,它是计算其他费用的基数。项目所在地海拔超过 3000m 以上,人工、材料、机械基价乘以系数 1.3。

(11)小注

有些定额表在其表下方列有注解。"注"是对定额表中内容的补充说明,使用时必须仔细阅读,以免发生错误。

(六)附录

附录包括路面材料计算基础数据,基本定额,材料的周转及摊销以及定额基价人工、材料单位质量、单价表四部分内容。

1. 路面材料计算基础数据

主要列出了路面工程概、预算定额中各种材料定额消耗量计算所依据的各项基础数据。如路面压实混合料干密度、各种路面材料松方干密度、单一材料结构的压实系数。

这些基础数据的作用是:

(1)计算定额中路面材料消耗数量;

(2)作为编制补充定额的基础数据。

2. 基本定额

基本定额是介于施工定额和预算定额之间的一种扩大施工定额,其项目是按完成某一专项作业将施工定额的有关工序加以综合制订的,根据材料的周转和摊销次数、材料场内运输及操作损耗以及人工、机械的幅度差,综合为若干包括人工、材料、机械的基本定额。其目的是避免在编制预算定额时重复计算这些工序,并可统一计算方法和口径,简化计算工作。

基本定额有桥涵混凝土及钢筋混凝土工作;砂浆及混凝土消耗材料;砌筑工程石料及砂浆消耗;脚手架、踏步、井字架工料消耗四部分组成。

3. 材料的周转及摊销

材料的周转及摊销定额,对材料的周转和摊销次数做了具体规定。

(1)该定额包括下列各项:

①混凝土和钢筋混凝土构件、块件模板材料周转及摊销次数;

②脚手架、踏步、井字架、金属门式吊架、吊盘等摊销次数;

③临时轨道铺设材料摊销;

④基础及打桩工程材料摊销次数;

⑤灌注桩设备材料摊销;

⑥吊装设备材料摊销次数;

⑦预制构件和块件的堆放、运输材料摊销次数。

(2)材料周转及摊销定额的用途是:

①明确规定材料的周转或摊销次数;

②按规定对达不到周转次数的材料定额进行抽换。

4. 定额基价人工、材料单位质量、单价表

表中给出了定额中人工和材料的代号、定额中材料名称的相应规格以及编制定额时采用的材料损耗率和工、料单价。

任务二 预算定额的编制

(1)了解预算定额的编制步骤;

(2)了解预算定额的编制方法。

公路工程预算定额的编制主要由交通运输部定额站负责编制发布,因此本任务仅要求学生了解预算定额的编制步骤和编制方法。

一、预算定额的编制内容

(一)根据需要选择分项工程划分标准,明确定额标定对象

分项工程划分标准既可以采用国家统一标准(如我国基础定额标准),也可以是某个行业

协会制定的标准,或是招标单位为某个具体工程所制定的标准。

(二)拟定工程施工方案及相应的资源配置

预算定额是分项工程在特定的施工方案及资源配置条件下的资源消耗量标准,施工方案及资源配置情况不同,产生的资源消耗量不同,因此,编制预算定额前,必须明确编制对象所采用的施工方案及相应的资源配置情况。

(三)确定预算定额的消耗量

根据拟定好的施工方案及相应的资源配置,设计分项工程施工工艺流程,明确分项工程施工中所包含的工作过程及各个工作过程之间的相互关系,在此基础上综合相关的施工定额的消耗量,形成预算定额消耗量。

(四)编制预算定额项目表及相应的使用说明

定额项目表反映各个分项工程的定额消耗量,而有关定额的说明,主要是对定额的编制原理、已包括和未包括的消耗内容以及有关附注等所做的说明。定额项目表和相应的使用说明是预算定额不可缺少的组成部分,二者相辅相成,共同组成预算定额。

二、预算定额的编制步骤

(一)编制准备工作

根据上级主管部门关于编制预算定额的批文,抽调人员组成编制组,并根据专业需要划分编制小组和综合组。制定预算定额编制方案,内容包括定额编制范围及水平要求、采用的编制原则与依据、定额项目划分和表现形式、编制单位及人员、工作计划及时间安排等。

(二)收集编制资料

在确定的定额编制范围内,抽调专业人员进行调查研究,广泛收集国家及有关部门相关规定和政策法规资料;现行工程技术标准、规范及规程;现行预算定额的执行情况及其他预算资料、补充定额资料;新材料、新技术工程实践资料等,确定需要调整与补充的项目,进行专项调查研究。

(三)编制预算定额初稿

(1)对收集到的各种现行规范、图纸、资料进行整理与分析,确定编制细则,统一编制表格、编制方法、计量单位、专业用语及名称等。

(2)划分预算定额的项目,并根据子目划分原则和综合误差划分子目。

(3)根据设计图纸和施工方法计算预算定额所综合的施工定额项目的工程量。

(4)计算预算定额人工、材料、机械台班消耗量,复核后编制预算定额成果表。

(5)写出编制说明。

(6)写出各章节的使用说明和各项目的工程内容,整理各种表格,装订成册,形成预算定额初稿。

(四)审核预算定额初稿,测算定额水平

预算定额初稿审核内容包括:文字表达是否准确、通顺;数字计算是否准确无误;章节、项目之间有无矛盾等。它是定额编制过程中不可或缺的步骤,应由经验丰富、责任心强、多年从事定额工作的专业技术人员来承担,以保证定额的编制质量。

定额编制完成后必须与原定额进行对比测算,分析水平升降原因。定额水平测算包括新旧定额水平的比较、预算造价比较和与实际的工、料、机用量的比较。

在此基础上修改完善,形成征求意见稿,广泛征求项目业主、设计、施工、建设等单位意见。

(五)定额审查、修改与报批

对各有关方面的反馈的意见和建议经过分析研究,形成审查意见。根据审查意见对预算定额进行修改、补充,经全面审核无误后形成报批稿,上报主管部门审批。定额批准后,为了顺利贯彻执行,需要撰写新定额编制说明。编制说明内容主要包括:

(1)项目、子目数量;
(2)人工、材料、机械的内容范围;
(3)资料的选取依据和综合取定情况;
(4)定额中允许换算和不允许换算的规定和计算资料;
(5)人工、材料、机械单价的计算和资料;
(6)施工方法、工艺的选择及材料运距的考虑;
(7)各种材料损耗率的取定资料;
(8)调整系数的使用;
(9)其他应说明的事项与计算数据、资料等。

(六)定额资料的整理归档

定额编制资料是贯彻执行中需查对资料的唯一依据,也为修编定额提供历史资料数据,作为技术档案应予永久保存。

三、预算定额的编制方法

(一)确定各项目的名称、工作内容及施工方法

预算定额应根据交通运输部颁发的《公路工程基本建设项目设计文件编制办法》中规定的施工图设计阶段能提供的工程量深度,考虑工程结算的方便和准确来划分项目,并根据各项目的工程内容将施工定额的有关项目进行综合。

1. 预算定额项目划分

预算定额的项目划分主要根据工程类别、施工图的工程构件或部位、材料类别、施工措施以及对工程造价的影响等因素予以划分,例如路基土石方工程可按土石类别、施工方法划分项目。路面工程可按工程部位、材料类别、施工方法等因素划分项目。各项目的工作内容可参照工程施工技术规范及规程确定。

预算定额中还列有"材料采集及加工"及"材料运输"两章,主要是为边远地区施工单位自行开采、加工施工材料和自办材料运输编制的。

2. 施工方法的选择

施工方法的选择要符合当前及今后一个时期的实际施工技术状况和管理水平,应体现技

术先进性和经济性。当一种结构类型有两种以上施工方法时,应进行技术经济比较,一般只选择一种技术先进、经济效益好的方法作为编制依据。对确因具体条件不同的,可按不同的施工方法划分子目区别。

（二）确定预算定额的计量单位

确定的预算定额计量单位应与相应工程项目内容相适应,以便于计算工程量,能反映分项工程最终产品形态和实物量为原则。

预算定额与施工定额的计量单位不同,主要是根据分部分项工程的形体和结构构件特征及其变化确定。预算定额的计量单位具有综合性,应根据工程量计算规则并能确切地反映定额项目所包含的工作内容。定额计量单位关系到预算工作的繁简程度和准确性。

1. 项目的计量单位

一般情况下,计量单位按下述方法取定:
(1)物体截面积一定时,以延米为单位,如管道、输电线、伸缩缝、栏杆等。
(2)物体厚度一定时,以平方米(m^2)为单位,如路面基层、面层(沥青混凝土除外)等。
(3)形状为任意时,以立方米(m^3)为单位,如混凝土工程、砖石工程、土石方工程等。
(4)金属结构以质量(t 或 kg)为单位,如钢筋工程等。
(5)零星工程以套、个为单位,如泄水管等。

计量单位确定后,为便于定额的制定和使用,在定额项目表中,一般要把计量单位扩大 10 倍、100 倍或 1000 倍,作为预算定额的单位。

2. 人工、材料、机械计量单位及小数位数的确定

(1)人工:以工日为单位,取一位小数(公路工程预算定额)或取 2 位小数(建筑工程预算定额)。
(2)基价:以元为单位,取整数。
(3)主要材料及半成品:

木材:m^3,取 3 位小数;

钢筋、型钢:t,取 3 位小数;

小五金:kg,取 1 位小数;

水泥:t,取 3 位小数;

砂浆、混凝土:m^3,取 2 位小数。

(4)其他材料费:以单位为元,取 1 位小数。
(5)机械:以台班为单位,取 2 位小数。

（三）按典型设计图纸和资料计算工程量

预算定额是采用典型的设计图纸和标准图计算分项工程的工程量。编制预算定额时,将每一个定额工程项目按不同的施工方法或不同情况分解成若干道工序,计算每道工序的工程量,再利用施工定额的工、料、机消耗量指标确定每道工序的消耗量,最后进行综合。

（四）进行子目平衡分析

预算定额的工程项目确定后,为了保证定额具有一定的精确性,各工程项目要根据工程的

难易程度,将人工、材料或机械消耗量差别较大的情况加以区分,即划分子目。是否划分子目按综合极限误差来确定。

定额子目的综合极限误差应根据公路工程的特点,本着简化与准确相结合的原则,凡是工程量大、对工程造价影响较大的项目,误差率应小;反之,工程量小,影响工程造价不大的项目,误差率可适当加大。一般可参照表4-2的误差率进行综合和划分子目(或划分步距)。

预定额子目划分综合极限误差率　　　　　　　　　　表4-2

工程项目	划分子目的主要因素	误差率
人工土、石方工程	人工消耗量	±15%左右
机械土、石方工程	机械台班消耗量	±10%左右
路面工程	材料消耗量	±10%左右
打桩、造孔工程	机械台班消耗量	±10%左右
混凝土及钢筋混凝土工程	模板消耗量	±20%左右
其他构造物	子目划分起主要影响的因素	±10%左右

(五)确定人工定额消耗量指标

人工消耗量是指在正常的施工条件下,生产单位合格产品所必须消耗的人工工日数量,它根据测算后综合取定的工程数量和参照施工定额中人工消耗指标计算。每个定额项目均包括全部施工过程,即除了定额项目工作内容中扼要说明的施工主要操作工序外,还应包括准备与结束、场内操作范围内的水平与垂直运输、辅助及零星用工等工程内容,将上述工作所对应的人工消耗可分别称为基本用工、超运距用工、辅助用工以及人工幅度差。

1. 基本用工

基本用工是指完成单位合格分项工程所包含的各项基本工作任务所必须消耗的用工数量,如现浇钢筋混凝土基础工程,包括:模板制作、安装、拆除、修理、涂脱模剂、混凝土配料、拌和、运输、浇筑、捣固、养护等基本工作内容的用工,它综合了模板制作安装、浇筑混凝土两个施工过程,因此,将这些用工数累计后,才是预算定额的基本用工数。基本用工的计算公式如下:

$$\text{基本用工(工日)} = \sum (\text{施工定额某工序人工消耗量} \times \text{工程数量}) \quad (4-1)$$

其中:工程数量 = 工程量/定额计量单位。

2. 超运距用工

当预算定额确定的材料运输距离超过施工定额规定的运输距离时,应计算超运距用工量。超运距用工应按各种超运距的材料数量、超运距以及单位运距的人工消耗计算。计算公式如下:

$$\text{超运距} = \text{预算定额规定的运距} - \text{施工定额规定运距} \quad (4-2)$$

$$\text{超运距用工(工日)} = \sum (\text{施工定额人工消耗} \times \text{超运距} \times \text{超运距材料数量}) \quad (4-3)$$

3. 辅助用工

指施工定额内没有包括而在预算定额内又必须考虑的用工,如机械土方工程的配合用工,材料加工配合用工等。计算公式如下:

$$\text{辅助用工(工日)} = \sum (\text{材料加工数量} \times \text{相应加工材料的施工定额人工消耗}) \quad (4-4)$$

4. 人工幅度差

由施工定额综合为预算定额时,考虑到一些琐碎的工作难以一一计算,而且在施工中可能出现一些事先无法估计的工作及影响效率的各种因素,因此人工工日和机械台班消耗量,应以施工定额综合后的数量,增加一定的百分数,增加的幅度与原数之比为幅度差。预算定额的人工幅度差主要考虑了下述因素:

(1)工序搭接及转移工作面时的间断时间;
(2)各工种交叉作业的相互影响;
(3)工作开始及结束时由于放样交底及任务不饱满而影响产量;
(4)配合机械施工及移动管线时发生的操作间歇;
(5)检查质量及验收隐蔽工程时影响工时利用;
(6)因雨雪或其他原因需排除故障;
(7)施工中不可避免的少数零星用工,如临时交通指挥、安全警戒、现场挖沟排水、修路材料整理堆放、场地清扫等;
(8)由于图纸或施工方法的差异需增加的工序及工作项目。

5. 预算定额人工消耗量

公路工程预算定额编制时采用人工幅度差系数,即人工幅度差系数 = (1 + 人工幅度差)。人工幅度差系数的取值因不同专业和不同的分项工程而异,公路工程预算定额编制采用的人工幅度差系数如表4-3所示。

人工幅度差系数取值表　　　　　　　　　　　　　表4-3

预算定额工程项目	系　　数
准备工作、土方、石方、安全设施、材料采集加工、材料运输	1.04
路面、临时工程、纵向排水、整修路基、其他零星工程	1.06
砌筑、涵管、木作、支拱架、混凝土及钢筋混凝土、沿线房屋	1.08
隧道、基坑、围堰、打桩、造孔、沉井、安装、预应力、刚桥	1.10

应当注意:上述人工幅度差系数与其他专业的取值含义不同,如一般土建工程预算定额的人工幅度差系数则是小于1的百分数。

预算定额人工消耗量计算公式为:

预算定额用工数量 = (基本用工 + 超运距用工 + 辅助用工) × 人工幅度差系数　　(4-5)

(六)确定材料消耗量定额指标

材料消耗定额是指在节约和合理使用材料的条件下,生产单位合格产品所必须消耗的一定品种规格的材料、半成品、配件和水、电、燃料等的数量标准。

预算定额的材料消耗量由材料的净用量和各种合理损耗组成,各种合理损耗是指施工场内的运输损耗和操作损耗,而场外运输损耗和工地仓库保管损耗计入材料预算价格之中。

材料净用量和材料损耗定额的计算数据,是通过现场技术测定、试验室试验、现场统计和理论计算等方法获得,计算方法在施工定额中已做介绍。根据作用不同,公路工程预算定额中材料消耗指标的表现形式和计算方法也不同。

1. 主要材料

指直接构成工程实体的用量大、所占费用比重较大的各种材料,如钢材、水泥、沥青及砂石材料等。材料消耗量计算公式为:

$$材料消耗量 = 净用量 \times (1 + 场内运输及操作损耗率) \tag{4-6}$$

2. 辅助材料

指构成工程实体除主要材料以外的其他材料,如垫木、钉子、铅丝等。

3. 周转性材料

指多次重复使用,但不构成工程实体的材料,如模板、脚手架、支架、拱盔、铁件等。材料消耗量计算公式为:

$$材料消耗量 = 周转摊销量$$

即:

$$Q = \frac{A(1+K)}{nV} \tag{4-7}$$

式中:A——模板等周转性材料的图纸一次使用总数量;

K——场内运输及操作损耗;

V——工程设计实体数量(m^3、m^2、m·座、处等);

n——周转次数或摊销次数,通过施工实践测定。

4. 其他材料

指工程中用量较少、难以计量的零星材料,如脱模剂、编号用的油漆等。

其他材料的消耗量一般是依据编制时期的价格以其他材料占主要材料的比率计算,列在定额材料栏之下,定额内可不列材料的名称和消耗量,以其他材料费的形式表现。

(七)确定施工机械台班消耗量指标

施工机械台班消耗量是指在正常施工条件下,合理组织和利用某种机械完成单位合格产品所必须消耗的台班数量。与人工消耗指标制订方法类似,预算定额中机械台班消耗量指标是综合施工定额各分项工程的机械台班消耗量,再考虑机械幅度差而确定的。

公路工程预算定额按定额综合范围将施工机械分为主要机械和小型机具。

1. 主要机械

工程中用量大、对工程造价影响大的机械,如推土机、压路机、摊铺机等。

$$预算定额某种机械台班消耗量 = \{\sum(施工定额该种机械台班消耗量 \times 工程数量)\} \times 该种机械幅度差系数 \tag{4-8}$$

机械幅度差是指在施工定额测定范围内未包括的,而在预算定额中因各种因素影响造成机械停歇而必须考虑的增加的机械台班数量。对于不同的机械和服务对象,机械幅度差系数不同,其取值范围在 1.25~3.00 之间,例如推土机、沥青混合料拌和设备及摊铺机的机械幅度差系数为 1.25,铲运机、挖掘机、拖拉机、自卸汽车、稳定土厂拌设备为 1.33,装载机、压路机为 1.43,平地机、回旋钻机、稳定土拌和机为 1.54,混凝土搅拌机(预制)为 2.00,混凝土搅拌机(现浇)为 2.5。

公路工程预算定额机械幅度差考虑了下列因素:

(1)正常施工组织情况下不可避免的机械空转、技术中断及合理停滞时间;
(2)必要的备用台数造成的闲置台班;
(3)由于气候关系或排除故障影响台班的利用;
(4)工地范围内机械转移的台班以及非自行式机械转移时所需的运载牵引工具;
(5)配套机械相互影响所损失的时间以及停车场至工作地点距离超出定额运距所需要的时间;
(6)施工初期由于条件限制所造成的效率差,工程收尾时工程量不饱满所损失的时间;
(7)因供电、供水故障及水电路线的移动检修而发生的运转中断;
(8)不同品牌机械的效率差、机械不配套造成的效率低;
(9)工程质量检查的影响。

2. 小型机具

小型机具是指对工程造价影响不大、自重较小的机械,如电钻、电锯、刨床等。小型机具的消耗量用小型机具费形式表现。

$$\text{小型机具使用费} = \sum(\text{小型机具台班预算单价} \times \text{台班数}) \tag{4-9}$$

(八)确定预算定额基价

预算定额基价是指完成定额计量单位分项工程或结构件等所需的全部人工费、材料费、施工机械使用费之和。定额基价的主要作用是使全部定额统一在一个水平上,便于对定额的分析、比较和测算。

公路工程预算定额通常以定额编制年北京市的人工、材料及机械台班预算单价作为基价。计算公式为:

$$\begin{aligned}\text{预算定额基价} &= \text{预算定额单位人工费} + \text{预算定额单位材料费} + \text{预算定额单位施工机械使用费} \\ &= \sum(\text{预算定额用工数量} \times \text{人工工资单价}) + \sum(\text{预算定额材料消耗量} \times \\ & \quad \text{材料预算价格}) + \text{其他材料费} + \text{设备摊销费} + \sum(\text{预算定额施工} \\ & \quad \text{机械台班消耗量} \times \text{机械台班费用单价}) + \text{小型机具使用费}\end{aligned} \tag{4-10}$$

四、预算定额编制示例

【例 4-1】 试编制路拌水泥碎石基层人工预算定额,水泥碎石基层采用拖拉机带铧犁拌和。

解 1)定额编制分析

(1)定额名称:水泥碎石基层。

(2)定额单位:1000m^2。

(3)选用的图纸、资料名称:现行《公路沥青路面设计规范》(JTG D50—2017)、《公路路面基层施工技术细则》(JTG/T F20—2015)。

(4)定额包括的工作内容:清扫整理路基;铺料、铺水泥、洒水、拌和;整形、碾压、找补;初期养护。

(5)定额子目划分:水泥稳定土基层按材料可划分为:水泥土、水泥砂、水泥砂砾、水泥碎石、水泥石屑、水泥石渣、水泥砂砾土、水泥碎石土。

按施工方法可分为:拖拉机带铧犁拌和、稳定土拌和机拌和、拖拉机带铧犁原槽拌和。

(6)编制依据:《公路工程施工定额》(2009 版)。

根据《公路路面基层施工技术规范》规定:水泥稳定土用中粒土和粗粒土作基层时,水泥含量取 4%~5%;水泥稳定土用细粒土作基层时,水泥剂量为 5%。水泥稳定土结构层使用 12t 以上的压路机碾压,每层压实厚度不超过 15cm。

(7)施工程序:平地机铺粒料—8t 压路机轻碾—人工铺水泥—拖拉机带铧犁沿路拌和—洒水汽车洒水—12t 压路机碾压—跟碾找补—平地机整理—初期养护。

2)拖拉机带铧犁拌和水泥碎石基层预算定额人工数量计算

拖拉机带铧犁拌和水泥碎石基层预算定额的人工消耗数量根据施工定额相应工序,并考虑幅度差后综合而成。计算结果见表 4-4。

表 4-4 水泥碎石基层预算定额人工数量

序号	工作名称	施工定额			工程数量	人工幅度差系数	预算定额人工消耗
		定额代号	单位	定额			
1	清扫整理	3-36-1	100m²	0.16	10	1.06	1.7
2	平地机铺料	3-5-2	1000m²	0.464	1		0.5
3	人工撒灰	3-4-1	t	0.286	17.07		5.2
4	拖拉机拌和	3-9-1	1000m²	1.37	1		1.5
5	跟碾找补	3-36-2	100m²	0.09	10		1.0
6	初期养护	3-36	100m²	0.24	10		2.5
	合计						12.4

备注:水泥碎石基层中水泥质量 = 混合料干密度 × 体积 × 水泥剂量 = 2.277 × 1000 × 0.15 × 5% = 17.07

注:该计算表中人工预算定额由于是采用 2009 年版《公路工程施工定额》计算,所以计算结果与部颁现行《公路工程预算定额》(JTG/T 3832—2018)中水泥碎石基层人工定额略有差异。

任务三 预算定额的运用

(1)掌握预算定额的使用方法;
(2)掌握预算定额的抽换方法;
(3)掌握路基工程、路面工程、桥涵工程的组价。

本任务要求学生掌握预算定额套用过程中常用的运距、厚度等施工条件的调整方法与技巧,掌握预算定额中混凝土强度等级、混合料配合比、钢筋用量、周转性材料摊销量的抽换方法,能够运用预算定额完成路基工程、路面工程和桥涵工程的定额套用,将理论知识与实际工程应用相结合。

一、预算定额运用的基本知识

1. 预算定额的使用步骤

1)确定定额编号

(1)首先将公路工程施工任务分解至分项工程,应根据概预算项目表依次按项、目、节和细目确定待查定额的项目名称,再据此在定额目录中找到其所在的页次,从而确定定额的编号。

(2)其次检查定额表上的"工作内容"与设计要求、施工组织要求是否相符,如相符,则可在表中找到相应的细目,并进一步确定定额子目(栏号)。一定要认真检查所确定的定额表号是否有误。如"浆砌块石护拱"与"浆砌块石护坡"虽然都是砌石工程,但前者为"桥涵工程",预算定额表号为[630-4-5-3-2],后者为"路基防护工程",预算定额表号为[117-1-4-11-2]。

(3)检查定额表的计量单位与工程项目取定的计量单位是否一致、是否符合章、节说明规定的工程量计算规则。

2)阅读说明和注解,确定定额值

(1)查得定额表号后,应详细阅读总说明、章、节说明,并核对定额表左上方的"工程内容"及表下方的"注",看是否与所查子目的定额有关,若有关,则采取相应措施。

(2)根据设计图纸和施工组织设计检查一下,当设计内容或实际工作内容与定额表中规定的内容不完全相符时,应根据"说明"及"注"的规定调整定额值,即定额抽换。

(3)依子目各序号确定各项定额值,若不需要调整,就直接抄录,此时查用定额的工作结束。若需要调整,还应做下一步工作。

2. 引用定额的编号方法

定额编号在概预算文件中十分重要。一方面是保证复核、审查人员利用编号快速查找,核对所用定额的准确性;另一方面,对如此繁多的工程细目的工作内容以编号形式建立一一对应的模式,便于计算机处理及修编定额人员的统计工作。

建立定额编号一般采用[页码-表号-栏号]或[表号-栏号]的编号方法。如预算定额中的[7-1-1-4-2]或[1-1-4-2],是指引用第7页的表1-1-4表(表4-5)中第2栏,即人工挖土质台阶(土质为普通土)的定额。

表4-5

1-1-4 挖土质台阶

工程内容:1)画线挖土,台阶宽不小于1m;2)将土抛到填方处。

单位:1000m³

顺序号	项 目	单位	代号	人工挖台阶			挖掘机挖台阶		
				松土	普通土	硬土	松土	普通土	硬土
				1	2	3	4	5	6
1	人工	工日	1001001	17.4	28.1	43.7	1.6	1.9	2.1
2	1.0m³以内履带式液压单斗挖掘机	台班	8001027	—	—	—	1.12	1.3	1.49
3	基价	元	9999001	1849	2986	4644	1508	1755	2004

用计算机软件编制概预算文件时,可以采用八位数字编号方法,见图4-1。

图 4-1

首位数字表示"章",第二、三位数字表示"节",第四、五位数字表示"表",最后三位数字表示"子目"。例如人工挖图纸台阶(土质为普通土)的定额亦可表示为"10104002"。

二、现行《公路工程预算定额》的运用

(一)预算定额的基本运用

如果设计的要求、工作内容及确定的工程项目,完全与相应定额的工程项目符合,则可直接套用定额。但是如果出现材料运输距离、结构层厚度、现场施工条件等基本参数与定额中不符时,可以依照定额内容直接进行简单调整,以下为几种常见的定额运用练习。

1. 材料运输距离的调整——定额编号的确定

【例4-2】 试确定下列工程项目预算定额编号。

(1)8t以内自卸汽车运路基土方5km;
(2)8t以内自卸汽车运输沥青混合料5km;
(3)8t以内自卸汽车运土5km;
(4)8t以内自卸汽车运路基石方5km。

解 以上各题虽然都是汽车运输,但运输对象不同,故各自的定额编号亦不同。

(1)汽车运输已明确是运路基土,因此,该工程属于"路基工程"的一项。其定额编号为[1-1-11-3+4],表名为"自卸汽车运土、石方"。

(2)汽车运路面混合料,属于"路面工程"中的一项。其定额编号为[2-2-13-1+2],表名为"沥青混合料运输"。

(3)因汽车运土未明确为何工程运土,故土应作为材料自办运输,属于"材料运输"中的一项,其定额编号为[9-1-6-Ⅲ-37+38],表名为"自卸汽车运输"。

(4)汽车运输机械采用自卸汽车,因此该工程亦属于定额表"自卸汽车运土、石方"的内容,但是运输对象为路基石方,因此本题定额编号与(1)中的不同,为[1-1-11-17+18]。

2. 路面结构层厚度调整——章、节说明的应用

【例4-3】 试确定20cm厚级配碎石面层的预算定额。该面层施工采用平地机分两层拌和,机械摊铺集料。

解 依题意,该工程定额编号为[2-2-2-13+16],按照节说明第1条:泥结碎石、级配碎石、级配砾石、天然砂砾、粒料改善土壤路面面层的压实厚度在15cm内,拖拉机、平地机和压路机的台班消耗按定额数量计算。如超过上述压实厚度且需进行分层拌和、碾压时,拖拉机、平地机和压路机的台班消耗量按定额数量加倍计算,每1000m²增加1.5个工日。因此20cm厚级配碎石面层每1000m²的级配碎石面层需:

人工：$1.9 + 0.2 \times 12 + 1.5 = 5.8$（工日）

黏土：$14.66 + 1.83 \times 12 = 36.62$（$m^3$）

碎石：$122.63 + 15.34 \times 12 = 306.71$（$m^3$）

120kW 以内自行式平地机：$0.57 \times 2 = 1.14$（台班）

12~15t 光轮压路机：$0.12 \times 2 = 0.24$（台班）

18~21t 光轮压路机：$0.91 \times 2 = 1.82$（台班）

10000L 以内洒水汽车：$0.08 + 0.01 \times 12 = 0.20$（台班）

具体参见表4-6。

表 4-6

单位：1000m^3

顺序号	项目	单位	代号	机械摊铺集料											
				拖拉机带铧犁拌和						平地机拌和					
				压实厚度8cm			每增加1cm			压实厚度8cm			每增加1cm		
				面层	基层	底基层	面层	基层	底基层	面层	基层	底基层	面层	基层	底基层
				7	8	9	10	11	12	13	14	15	16	17	18
1	人工	工日	1001001	1.9	1.8	1.7	0.2	0.1	0.1	1.9	1.8	1.7	0.2	0.1	0.1
2	黏土	m^3	5501003	14.66	—	—	1.83	—	—	14.66	—	—	1.83	—	—
3	碎石	m^3	5505016	122.63	122.66	122.84	15.34	15.34	15.35	122.63	122.66	122.84	15.34	15.34	15.35
4	设备摊销费	元	7901001	2.1	2.1	2.1	0.1	0.1	0.1	—	—	—	—	—	—
5	120kW 以内自行式平地机	台班	8001058	0.3	0.23	0.23	—	—	—	0.57	0.5	0.5	—	—	—
6	75kW 以内履带式拖拉机	台班	8001066	0.22	0.22	0.22	—	—	—	—	—	—	—	—	—
7	12~15t 光轮压路机	台班	8001081	0.12	0.12	0.12	—	—	—	0.12	0.12	0.12	—	—	—
8	18~21t 光轮压路机	台班	8001083	0.91	0.8	0.68	—	—	—	0.91	0.8	0.68	—	—	—
9	10000L 以内洒水汽车	台班	8007043	0.08	0.08	0.08	0.01	0.01	0.01	0.08	0.08	0.08	0.01	0.01	0.01
10	基价	元	9999001	11005	10660	10572	1215	1183	1184	11181	10836	10749	1215	1183	1184

3. 现场施工条件的调整——定额表注解的使用

【例4-4】 用165kW 以内推土机推土（硬土），运距50m，上坡坡度15%，试确定其预算定额。

解 查得定额编号为[1-1-12-19+20],由于推土机推土为上坡运输,需要按照表格(表4-7)注解进行新运距计算转换。新的运距=50×1.5=75(m)。

所以,每1000m³天然密实方需:

人工:2.9 工日

推土机:$1.08 + 0.32 \times \dfrac{50 \times 1.5 - 20}{10} = 2.84$(台班)

基价:$2355 + 606 \times \dfrac{50 \times 1.5 - 20}{10} = 5688$(元)

表4-7

1-1-12 推土机推土、石方　　单位:1000m³ 天然密实方

顺序号	项目	单位	代号	推土机功率(kW)									
				135 以内				165 以内				240 以内			
				第一个20m			每增运10m	第一个20m			每增运10m	第一个20m			每增运10m
				松土	普通土	硬土		松土	普通土	硬土		松土	普通土	硬土	
				13	14	15	16	17	18	19	20	21	22	23	24
1	人工	工日	1001001	2.4	2.6	2.9	—	2.4	2.6	2.9	—	2.4	2.6	2.9	—
2	135kW 以内履带式推土机	台班	8001006	1.09	1.21	1.34	0.4								
3	165kW 以内履带式推土机	台班	8001007					0.88	0.97	1.08	0.32				
4	240kW 以内履带式推土机	台班	8001008									0.62	0.67	0.76	0.23
5	基价	元	9999001	2000	2213	2453	640	1923	2114	2355	606	1715	1854	2098	542

注:上坡推运的坡度大于10%时,按坡面的斜距乘以表4-8所列系数作为运距。

系　数　表　　　　表4-8

坡度(%)	10 < i ≤ 20	20 < i ≤ 25	25 < i ≤ 30
系数	1.5	2.0	2.5

(二)定额的复杂套用

【例4-5】 某桥梁工程,采用钻孔灌注桩,桩径为1.8m,所有桩的桩长均在40m以下,其中8根桩在枯水位以上,其余20根桩在枯水位以下,河床以下的岩层主要为砂砾层和次坚石层,试确定钻孔过程的预算定额。

解 (1)确定成孔方法,根据对河床地质报告的分析,以及施工组织设计文件中推荐的施工方案,选用反循环钻机钻孔。

(2)分类套用定额。

定额栏号选取过程中,需要参照干处(湿处)、桩长、岩层类型等因素,综合选取。

陆地上钻孔:砂砾层成孔定额编号为[4-4-4-67];

次坚石层成孔定额编号为[4-4-4-71]。

水中平台上钻孔:砂砾层成孔定额编号为[4-4-4-275];
次坚石层成孔定额编号为[4-4-4-279]。

(3)定额调整

根据第四章第四节的节说明第十条,当设计桩径与定额采用桩径不同时,可按表4-9系数调整。

表4-9

10.当设计桩径与定额采用桩径不同时,可按下表系数调整:

计算基数		桩径150cm 以内			桩径200cm 以内				桩径250cm 以内			
桩径(cm)		120	130	140	160	170	180	190	210	220	230	240
调整系数	冲击锥、冲击钻	0.85	0.9	0.95	0.8	0.85	0.9	0.95	0.88	0.91	0.94	0.97
	回旋钻		0.94	0.97	0.75	0.82	0.87	0.92	0.88	0.91	0.94	0.96

定额采用的桩径为200cm,而题目中实际桩径为180cm,因此需要对以上定额消耗做出×0.87的调整。

(具体工料机消耗略)

【例4-6】 编织袋围堰,围堰高2m,采用人工挑抬装土,运距为70m,试确定预算定额。

解 查得编织袋围堰的定额编号为[4-2-2-5],单位10m围堰按照第四章第二节说明第二条(表4-10),草土、编织袋、竹笼、木笼铁丝围堰定额中已包括50m以内人工挖运土方的工日数量,定额括号内所列"土"的数量不计价,仅限于取土运距超过50m时,按人工挖运土方的增运定额,增加运输用工。本题中由于运距超过50m,需考虑人工挖运土方的增运定额[1-1-6-4],单位1000m³天然密实方。

表4-10

4-2-2 编织袋围堰

工程内容:1)人工挖运土;2)装袋、缝口、运输、堆筑;3)中间填土夯实;4)拆除清理。

单位:10m围堰

顺序号	项目	单位	代号	围堰高度(m)								
				1.0	1.2	1.5	1.8	2.0	2.2	2.5	2.7	3.0
				1	2	3	4	5	6	7	8	9
1	人工	工日	1001001	5.9	7.8	11.8	16.5	21.4	26	34.7	41.8	54
2	塑料编织袋	个	5001052	260	358	543	741	950	1139	1498	1781	2255
3	土	m³	5501002	(17.16)	(22.71)	(33.54)	(45.3)	(57.2)	(68.41)	(88.4)	(104.39)	(130.26)
4	基价	元	9999001	1004	1348	2041	2828	3652	4415	5860	7025	9009

注:围堰高度与定额不同时,可内插计算。

每10m围堰需:

人工:$21.4 + \frac{57.2}{1000} \times 5.9 \times \frac{70-50}{10} = 22.1$(工日)

草袋:950个

基价:$3652 + \frac{57.2}{1000} \times 627 \times \frac{70-50}{10} = 3724$(元)

(三)定额的抽换

当设计中所规定内容与定额中工作内容、材料规格不相符时,应查用相应的定额或基本定额予以替换。在抽换前应仔细阅读定额总说明、章节说明及表下方的注解。以下是允许对定额中某些项目进行抽换的几种情况：

(1) 砂浆、混凝土设计强度等级与定额不符；

(2) 水泥、石灰稳定土基层设计配合比与定额配合比不符；

(3) 周转及摊销材料实际周转次数达不到定额规定次数时的抽换；

(4) 片石混凝土定额的片石掺量调整；

(5) 钢筋混凝土锚锭体积比换算；

(6) 定额钢筋品种比例调整；

(7) 每10t预应力钢筋、钢筋束的根数、束数的计算。

1. 水泥混凝土或水泥砂浆的抽换——基本定额的运用

基本定额是指在合理的条件下，为生产单位数量半成品、中间产品所规定的各种资源（工、料、机、费用等）的消耗量标准。其分类与组成如图4-2所示。

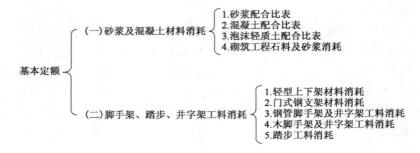

图4-2 基本定额分类与组成图

基本定额的主要作用是：

(1) 基本定额是定额抽换的依据；

(2) 分析分项工程或半成品所需人工、材料、机械等的消耗量。当设计中出现定额表中查不到的个别分项工程时，可根据定额分析计算该工程所需的工、料、机的数量。

【例4-7】 试确定用C30普通混凝土耳背墙的预算定额。

解 (1) 依题意，该工程定额编号为[4-6-4-7]，见表4-11。

表4-11

4-6-4 盖梁、系梁、耳背墙及墩顶固结

工程内容：1) 定型钢模板安装、拆除、修理、涂脱模剂、堆放；2) 钢筋除锈、制作、电焊、绑扎及骨架吊装入模；3) 混凝土浇筑、捣固、养护。

单位：10m³ 实体

顺序号	项目	单位	代号	盖梁		系梁				耳背墙	墩梁固结现浇段
				非泵送	泵送	非泵送		泵送			
						地面以下	地面以上	地面以下	地面以上		
				1	2	3	4	5	6	7	8
1	人工	工日	1001001	12.3	11.0	6.1	12.1	4.3	10.4	17.7	16.4
2	普C25-32.5-4	m³	1503033	—	—	—	—	—	—	(10.20)	—
3	普C30-32.5-4	m³	1503034	(10.20)	(10.20)	(10.20)	(10.20)	(10.20)	(10.20)	—	(10.20)

续上表

顺序号	项目	单位	代号	盖梁		系梁				耳背墙	墩梁固结现浇段
				非泵送	泵送	非泵送		泵送			
						地面以下	地面以上	地面以下	地面以上		
				1	2	3	4	5	6	7	8
4	泵 C30-32.5-4	m³	1503084	—	(10.40)	—	—	(10.40)	(10.40)	—	—
5	HPB300 钢筋	t	2001001	0.0	0.0						
6	型钢	t	2003004	0.1	0.1	—	0.084	—	0.084		
7	钢管	t	2003008	0.0	0.0	—		—			
8	钢模板	t	2003025	0.2	0.2	0.07	0.196	0.07	0.196	0.086	0.154
9	螺栓	kg	2009013	0.1	0.1	0.56	0.12	0.56	0.12	9.52	15.97
10	铁件	kg	2009028	30.9	30.9	1.88	0.34	1.88	0.34	5.62	9.42
11	水	m³	3005004	12.0	18.0	12	12	18	18	12	12
12	中(粗)砂	m³	5503005	5	6	4.69	4.69	5.82	5.82	4.9	4.69
13	碎石(4cm)	m³	5505013	8.5	7.6	8.47	8.47	7.59	7.59	8.47	8.47
14	32.5 级水泥	t	5509001	3.8	4.4	3.845	3.845	4.368	4.368	3.417	3.845
15	其他材料费	元	7801001	109.8	109.8	11.5	12.5	11.5	12.5	84.8	207.4
16	60m³/h 以内混凝土输送泵	台班	8005051	—	0.1	—	0.12	—	0.14	—	—
17	25t 以内汽车式起重机	台班	8009030	0.7	0.3	0.31	0.64	0.08	0.31	1.1	1.26
18	小型机具使用费	元	8099001	11.4	9.4	10.8	11	9	9.2	15.7	14.2
19	基价	元	9999001	6033	5822	3838	5887	3684	5633	6276	7020

由定额表内容可知：

每 10m³ 实体需普通 C25-32.5-4 混凝土 10.2m³，人工 17.7 工日，钢模板 0.086t，螺栓 9.52kg，铁件 5.62kg，水 12m³，中(粗)砂 4.90m³，碎石(4cm)8.47m³，32.5 级水泥 3.417t，其他材料费 84.8 元，25t 以内汽车式起重机 1.1 台班，小型机具使用费 15.7 元，基价 6276 元。

由于定额表可知混凝土强度等级与设计强度等级 C30 不符，故对混凝土材料定额值应予以调整抽换。

(2)根据基本定额(二)中混凝土配合比表(表 4-12)：

混凝土配合比表　　　　　　　　表4-12

单位:1m³ 混凝土

序号	项目	单位	普通混凝土												
			碎(砾)石最大粒径(mm)												
			20						40							
			混凝土强度等级												
			C55	C60	C10	C15	C20	C25	C30	C35	C30	C35	C40	C45
			水泥强度等级												
			52.5	52.5	32.5	32.5	32.5	32.5	32.5	42.5	32.5	42.5	32.5	425.	52.5	42.5	52.5
			16	17	18	19	20	21	22	23	24	25	26	27	28	29	30
1	水泥	kg	516	539	225	267	298	335	377	355	418	372	461	415	359	440	399
2	中(粗)砂	m³	0.42	0.41	0.51	0.5	0.49	0.48	0.46	0.46	0.45	0.46	0.43	0.44	0.46	0.44	0.44
3	碎(砾)石	m³	0.74	0.71	0.87	0.85	0.84	0.83	0.83	0.84	0.82	0.83	0.81	0.83	0.84	0.81	0.84
4	片石	m³															

每1m³碎石最大粒径为4cm的C30普通混凝土需要32.5级水泥:377kg;中(粗)砂:0.46m³;碎石:0.83m³。

因此每10m³实体C30混凝土的材料定额抽换值(即采用值)为:

32.5级水泥:$0.377 \times 10.2 = 3.845(t)$

中(粗)砂:$0.46 \times 10.2 = 4.69(m^3)$

碎石(4cm):$0.83 \times 10.2 = 8.47(m^3)$

原定额中人工、其他材料及机械消耗量和其他材料费不变。

2. 路面半刚性基层材料的抽换

《公路工程预算定额》(JTG/T 3832—2018)第二章路面工程第一节路面基层及垫层说明第2条中规定:各类稳定土基层定额中材料消耗系数按一定配合比编制的,当设计配合比与定额标明的配合比不同时,有关材料可按下式换算:

$$C_i = [C_d + B_d \times (H - H_0)] \times \frac{L_i}{L_d} \tag{4-11}$$

式中:C_i——按设计配合比换算后的材料数量;

C_d——定额中基本压实厚度的材料数量;

B_d——定额中压实厚度每增减1cm的材料数量;

H_0——定额的基本压实厚度;

H——设计的压实厚度;

L_d——定额中标明的材料百分率;

L_i——设计配合比的材料百分率。

【例4-8】 某30cm厚设计配合比为4:11:85的石灰粉煤灰稳定碎石基层,施工采用路拌法,稳定土拌和机分层拌和施工。试确定其预算定额。

解 依题意该工程定额编号为[2-1-4-Ⅲ-35+36]。

由定额表内容(表4-13)可知:定额配合比为5:15:80,设计压实厚度15cm与设计要求不同,需对相关定额值调整。

表4-13

单位:1000m³

顺序号	项目	单位	代号	石灰粉煤灰碎石 石灰:粉煤灰:碎石 5:15:80		石灰粉煤灰矿渣 石灰:粉煤灰:矿渣 6:14:80		石灰粉煤灰煤矸石 石灰:粉煤灰:煤矸石 6:14:80	
				压实厚度 20cm	每增减 1cm	压实厚度 20cm	每增减 1cm	压实厚度 20cm	每增减 1cm
				35	36	37	38	39	40
1	人工	工日	1001001	16	0.6	15.6	0.6	13.8	0.5
2	粉煤灰	t	5501009	63.963	3.198	48.163	2.408	53.148	2.657
3	熟石灰	t	5503003	22.77	1.139	22.044	1.102	18.92	0.946
4	矿渣	m³	5503011	—	—	227.12	11.36		
5	煤矸石	m³	5505009					200.5	10.03
6	碎石	m³	5505016	222.11	11.1	—	—		
7	其他材料费	元	7801001	301	—	301		301	
8	120kW 以内自行式平地机	台班	8001058	0.42		0.42		0.42	
9	12~15t 光轮压路机	台班	8001081	0.37	—	0.37	—	0.37	—
10	18~21t 光轮压路机	台班	8001083	0.8		0.8		0.8	
11	235kW 以内稳定土拌和机	台班	8003005	0.26	0.02	0.26	0.02	0.26	0.02
12	10000L 以内洒水汽车	台班	8007043	0.31	0.02	0.36	0.03	0.35	0.03
13	基价	元	9999001	36622	1748	32748	1565	27484	1301

按照节说明第1条:各类稳定土基层、其他种类的基层和底基层的压实厚度在20cm以内,拖拉机、平地机、摊铺机和压路机的台班消耗按定额数量计算。如超过上述压实厚度进行分层拌和、摊铺、碾压时,拖拉机、摊铺机和压路机的台班消耗量按定额数量加倍计算,每1000m² 增加1.5个工日。

因此,30cm厚设计配合比为4:11:85的石灰粉煤灰稳定碎石基层预算定额为:

人工:$16+0.6\times10+1.5=23.5$(工日)

粉煤灰:$[63.963+3.198\times(30-20)]\times11/15=70.36$(m³)

熟石灰:$[22.77+1.139\times(30-20)]\times4/5=27.33$(m³)

碎石:$[222.11+11.1\times(30-20)]\times85/80=353.93$(m³)

120kW 以内自行式平地机:$0.42\times2=0.84$(台班)

12~15t 光轮压路机:$0.37\times2=0.74$(台班)

18~21t 光轮压路机:$0.8\times2=1.6$(台班)

235kW 以内稳定土拌和机:$0.26+0.02\times10=0.46$(台班)

10000L 以内洒水汽车:$0.31+0.02\times10=0.51$(台班)

基价调整计算(略)。

3. 周转及摊销材料用量的抽换——材料周转与摊销定额的运用

周转性材料是指在施工过程中多次重复进行使用的材料,如工作模板、脚手架等,它只在施工过程中参与工程修建,而不构成工程的主要实体。

预算定额附录三中的"材料周转与摊销"是为周转性材料制定的,它规定了各种周转性材料(模板、拱盔、支架等)在施工中合理使用的周转或摊销的次数。其分类如图4-3所示。

```
            ┌ 1. 混凝土和钢筋混凝土构件、块件模板材料周转及摊销次数
            │ 2. 脚手架、踏步、井字架、金属门式吊架、吊盘等摊销次数
            │ 3. 临时轨道铺设材料摊销
            ┤ 4. 基础及打桩工程材料摊销次数
            │ 5. 灌注桩设备材料摊销
            │ 6. 吊装设备材料摊销次数
            └ 7. 预制构件和块件的堆放、运输材料摊销次数
```

图4-3 材料周转与摊销分类图

材料周转与摊销定额的主要作用是：

(1)规定各种周转性材料在施工中合理使用的周转次数、摊销次数。

由前述可知,定额用量不是周转定额的实际用量,而是每周转使用一次应承担的摊销数量。

(2)对达不到规定周转次数的材料定额进行抽换。

预算定额总说明第八条规定:定额中周转性的材料模板,支撑、脚手杆、脚手板和挡土板等的数量,已考虑了材料的正常周转次数并计入定额内。其中,就地浇筑钢筋混凝土梁用的支架及拱圈用的拱盔、支架,如确因施工安排达不到规定的周转次数时,可根据具体情况进行换算并按规定计算回收,其余工程一般不予抽换。

当材料的实际周转次数达不到规定的周转次数时,对定额表中周转材料的定额用量应予抽换,即按照实际的周转次数重新计算实际定额。计算公式如下:

$$\text{实际定额用量} = \frac{\text{规定的周转次数}}{\text{实际的周转次数}} \times \text{规定定额用量} \tag{4-12}$$

【例4-9】 试确定跨径$L=2m$的拱涵拱盔及支架周转使用3次时的实际定额用量。

解 依题意,该工程定额编号为[4-9-1-1]。

由定额表"涵洞拱盔、支架"内容(表4-14)可知:跨径$L=2m$的拱涵拱盔及支架,每$100m^2$水平投影面积需:

铁件:87.1kg;铁钉:3.3kg;原木:$3.250m^3$;锯材:$1.71m^3$;

查预算定额附录三"材料周转与摊销"(表4-15)。

4-9-1 涵洞拱盔、支架　　　　　　　　　　　　　　　　　　　　　表4-14

工程内容:制作、安装、拆除。

单位:$100m^2$水平投影面积

顺序号	项 目	单位	代号	拱涵拱盔及支架		板 涵 支 架
				跨径(m)		
				2以内	4以内	
				1	2	3
1	人工	工日	1001001	41.4	33.8	23.5
2	铁件	kg	2009028	87.1	42.8	64.3

续上表

顺序号	项　目	单位	代号	拱涵拱盔及支架		板涵支架
				跨径(m)		
				2以内	4以内	
				1	2	3
3	铁钉	kg	2009030	3.3	2.2	—
4	原木	m³	4003001	3.25	2.44	2.31
5	锯材	m³	4003002	1.71	1.58	0.88
6	φ500mm以内木工圆锯机	台班	8015013	0.63	0.57	0.25
7	小型机具使用费	元	8099001	21.7	19.5	9
8	基价	元	9999001	11659	9400	7121

表4-15

(一)混凝土和钢筋混凝土构件、块件模板材料周转及摊销次数

1. 现浇混凝土的模板及支架、拱盔、隧道支撑

序号	材料名称	单位	工料机代号	空心墩及索塔钢模板	悬浇箱形梁钢模	悬浇箱形梁、T形梁、T形刚构、连续梁木模板	其他混凝土的木模板及支架、拱盔、隧道开挖衬砌用木支撑等	水泥混凝土路面
				1	2	3	4	5
1	木料	次数	—	—	—	8	5	20
2	螺栓、拉杆	次数	—	12	12	12	8	20
3	铁件	次数	2009028	10	10	10	5	20
4	铁钉	次数	2009030	4	4	4	4	4
5	8~12号铁丝	次数	2001021	1	1	1	1	1
6	钢模	次数	2003025	100	80	—	—	—

各种材料的周转次数分别为:木料5次;铁件5次;铁钉4次。

所以,拱涵拱盔及支架周转使用3次时的实际定额用量为:

铁件:87.1×5/3=145.2(kg)

铁钉:3.3×4/3=4.4(kg)

原木:3.25×5/3=5.417(m³)

锯材:1.71×5/3=2.85(m³)

4. 钢筋品种比例调整

【例4-10】 某桥梁预制预应力箱梁,钢筋采用集中加工的方式,图纸中显示钢筋的设计

使用量为:光圆钢筋为4.1t,带肋钢筋为8.6t,试确定该箱梁钢筋工程定额。

解 依题意,该工程定额编号为[4-7-15-4],见表4-16。

表 4-16

4-7-15 预制、安装预应力箱梁

工程内容:预制:1)钢模板安装、拆除、修理、涂脱模剂、堆放;2)钢筋除锈、下料、制作、骨架入模、电焊、绑扎;3)混凝土浇筑、捣固及养护。

安装:1)整修构件;2)构件起吊、纵移、落梁、横移就位、校正、锯吊环;3)双导梁纵移过墩;4)构件搭接钢板的切割、电焊;5)吊脚手架的安、拆、移动;6)现浇接缝混凝土的模板工作及混凝土的浇筑、捣固、养护。

单位:表列单位

顺序号	项目	单位	代号	预制等截面箱梁混凝土		预制安装预应力箱梁钢筋		安装		现浇连续梁接缝混凝土
								双梁式架桥机		
								简支梁	连续梁	
								跨径(m)		
				非泵送	泵送	现场加工	集中加工	30以内	50以内	
				10m³		1t		10m³		
				1	2	3	4	5	6	7
1	人工	工日	1001001	27.5	16.4	6.3	4.8	6.4	5.1	23.5
2	普 C50-42.5-2	m³	1503018	(10.10)	—	—	—	—	—	(10.20)
3	泵 C50-42.5-2	m³	1503069	—	(10.30)	—	—	—	—	—
4	预制构件	m³	1517001	—	—	—	—	(10.0)	(10.0)	—
5	HPB300 钢筋	t	2001001	0.002	0.002	0.156	0.156	—	—	—
6	HRB400 钢筋	t	2001002	—	—	0.869	0.864	—	—	—
7	钢丝绳		2001019	0.004	0.004	—	—	—	—	—
8	20~22 号铁丝	kg	2001022	—	—	3.25	3.98	—	—	—
9	型钢		2003004	0.002	0.002	—	—	0.003	0.002	0.017
10	钢板	t	2003005	—	—	—	—	0.018	0.012	—

由定额表中查得光圆钢筋与带肋钢筋的比例为0.156:0.869=0.18,而设计图纸中光圆钢筋与带肋钢筋的比例为4.1:8.6=0.477,可知钢筋设计比例与定额比例不符,根据预算定额第四章说明第2条(2)中的规定,如设计图纸的钢筋比例与定额有出入时,可调整钢筋品种的比例关系。

由预算定额附录四可知光圆钢筋、带肋钢筋的场内运输及操作损耗为2.5%,因此实际定额为:

$$光圆钢筋 = (1+0.025) \times \frac{4.1}{4.1+8.6} = 0.331(t)$$

$$带肋钢筋 = (1+0.025) \times \frac{8.6}{4.1+8.6} = 0.694(t)$$

三、预算定额综合运用实例

【例 4-11】 某二级公路中有一处2.0m×2.0m钢筋混凝土盖板涵,详细结构图和工程量如图4-4所示;根据工程特点,初步确定施工方案如下:

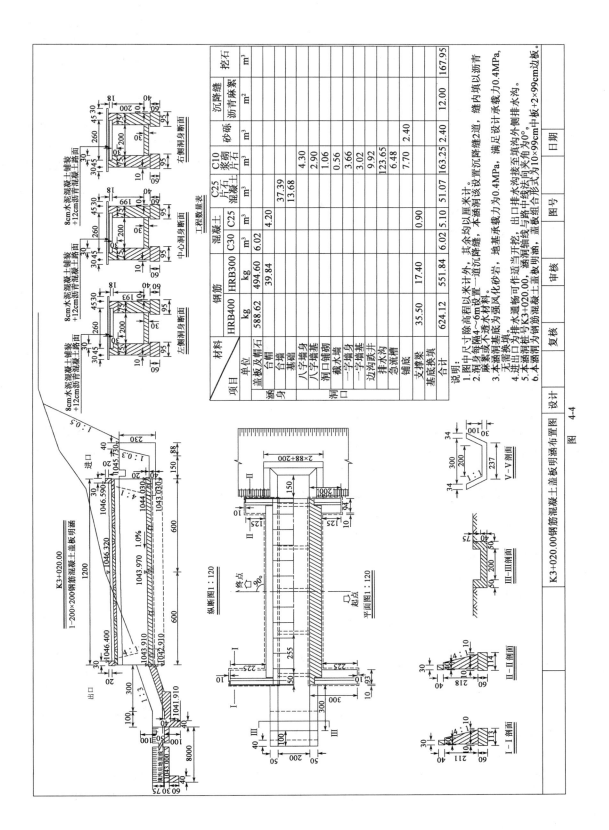

(1)盖板混凝土施工采用预制矩形板,需要考虑矩形板预制、运输、安装等环节,矩形板的运输拟采用6t载货汽车运输,汽车式起重机配合装卸。矩形板的安装采用汽车式起重机进行安装。由于矩形板预制定额的工作内容中并未包含混凝土的拌和与运输环节,因此还应额外增加混凝土拌和与预制场内运输的定额,拟采用350L以内的混凝土搅拌机搅拌,预制场内混凝土的运输拟采用机动翻斗车运输;

(2)台帽、台墙、涵台基础和支撑梁等部位混凝土施工采用现浇工艺,由于混凝土现浇定额的工作内容中并未包含混凝土的拌和与运输环节,因此也应额外增加混凝土拌和与拌和场至施工现场的运输定额,拟采用350L以内的混凝土搅拌机搅拌,现浇混凝土的运输拟采用$3m^3$以内混凝土搅拌运输车。

要求:试详细列出本盖板涵所需预算定额细目。

解 按照盖板涵常见的施工流程,对图中所给出的主要工程内容进行定额套用。

(1)基坑开挖

采用机械开挖的方式,定额编号为[4-1-3-5]。

(2)基底处理

采用填砂砾(砂)基础垫层,定额编号为[4-11-5-1]。

(3)涵台基础

根据图纸,台墙基础采用的是C25片石混凝土,套用跨径4m以内的轻型墩台基础定额,定额编号为[4-6-1-1],由于定额本身采用的是C15混凝土,与设计混凝土材料强度等级不符,因此要进行混凝土材料的抽换。

片石混凝土是在混凝土中加入一定量的片石,通常也叫毛石混凝土。《公路圬工桥涵设计规范》(JTG D61—2005)3.2.2条规定:片石混凝土为混凝土中掺入不多于其体积20%的片石。预算定额第四章第六节说明第2条规定,定额中片石混凝土中片石含量均按15%计算。

第一步,先按照普通混凝土材料之间的抽换,将C15混凝土抽换成C25混凝土;

第二步,将C25混凝土体积乘以0.85的系数,即为$10.2 \times 0.85 = 8.67m^3$;

第三步,在工料机消耗中增加片石的用量$2.19m^3$。

(4)支撑梁钢筋

支撑梁钢筋的定额编号为[4-6-1-12],设计图纸中光圆钢筋和带肋钢筋的实际比例与定额中的比例不符,因此应对其进行调整。

光圆钢筋:$\dfrac{0.0174}{0.0174+0.0355} \times 1.025 = 0.337$

带肋钢筋:$\dfrac{0.0355}{0.0174+0.0355} \times 1.025 = 0.688$

(5)支撑梁混凝土

支撑梁混凝土采用现浇的作业方式,定额编号为[4-6-1-5],定额中的混凝土强度等级为普C20-32.5-4,与实际混凝土强度等级不符,应予以抽换。

(6)台墙混凝土

台墙混凝土采用现浇的作业方式,套用跨径4m以内的轻型混凝土墩台定额,定额编号为[4-6-2-2],由于定额本身采用的是普C20-32.5-4混凝土,与设计混凝土材料强度等级不符,因此要进行混凝土材料的抽换,抽换方法如前述。

(7)台帽钢筋

台帽钢筋的定额编号为[4-6-3-5]。

(8)台帽混凝土

台帽混凝土采用现浇的作业方式,套用非泵送混凝土的台帽定额,定额编号为[4-6-3-1],由于定额中的混凝土强度等级为普C30-32.5-4,与设计混凝土强度等级C25不符,因此要进行混凝土材料的抽换,抽换方法如前述。

(9)盖板钢筋

盖板钢筋的定额编号为[4-7-9-3],设计图纸中光圆钢筋和带肋钢筋的实际比例与定额中的比例不符,因此应对其进行调整。

光圆钢筋:$\dfrac{0.495}{0.495+0.589} \times 1.025 = 0.468$

带肋钢筋:$\dfrac{0.589}{0.495+0.589} \times 1.025 = 0.557$

(10)盖板预制

盖板混凝土采用在预制场提前预制的作业方式,套用跨径4m以内的定额细目,定额编号为[4-7-9-1],由于定额中的混凝土强度等级为普C30-32.5-4,与设计混凝土强度等级一致,因此不需要对混凝土材料进行抽换。

(11)盖板运输

预制完成的盖板需要运送到涵洞的施工现场,根据矩形盖板的体积特征,选取6t以内载货汽车配合汽车式起重机装卸的施工方案,运输距离按1km计,因此定额编号为[4-8-3-8]。

(12)盖板安装

运送至现场的盖板可以采用起重机吊装的方式进行安装,因此定额编号为[4-7-10-1]。

(13)混凝土拌和

在预算定额第四章中所有混凝土现浇构件和预制构件的定额内容中,关于混凝土的施工内容都未包含混凝土拌和,因此需要对所有混凝土构件额外增加混凝土拌和的定额。根据涵洞工程混凝土数量和工期的要求,建议选用350L以内混凝土搅拌机拌和。因此混凝土拌和的定额编号为[4-11-11-2]。

(14)混凝土运输

在预算定额第四章中所有混凝土现浇构件定额内容中包含了50m的水平运输,又超过该距离的可以按照混凝土运输定额增列混凝土运输。选用3m³以内混凝土搅拌运输车套用定额,运距为1km以内,因此定额编号为[4-11-11-22]。

第四章中所有混凝土预制定额内容中并没有包含混凝土的运输,需要增加混凝土运输的定额,考虑到是预制场内运输,因此选用机动翻斗车运输的定额,运距为100m以内,定额编号为[4-11-11-20]。

(15)沥青麻絮伸缩缝

沥青麻絮伸缩缝的定额编号为[4-11-7-11]。

(16)防水层

盖板施工完成后需要在表面进行防水层施工,采用涂热沥青的施工方案,因此定额编号为[4-11-4-5]。

(17)洞口砌筑工程

洞口所有部位均采用浆砌片石,因此套用第四章第二节砌筑工程的定额,根据定额细目的划分,相同类别的细目可以适当合并,其中一字墙基、八字墙基、洞口铺砌、截水墙、铺底均套用定额编号为[4-5-2-1]的浆砌片石基础、护底、截水墙的定额,八字墙身和一字墙身均套用定额编号为[4-5-2-4]的10m以内实体式台墙的定额,边沟跌井、排水沟和急流槽均套用定额编号为[4-5-2-7]锥坡、沟、槽、池的定额。由于设计砂浆强度等级为M10号,以上定额中如有与设计砂浆强度等级不符的情况,均需对砂浆材料进行抽换。

(18)基坑开挖回填

涵洞台背需要进行取土回填,但由于基坑开挖的定额编号为[4-1-3-9]的定额内容中已经包含了取土回填、铺平、洒水、夯实的工作,因此无须再重复套取定额。

综上所述,本例中盖板涵需要套取的定额细目整理成表4-17格式,以便查看。

盖板涵定额细目汇总表　　　　　　表4-17

序号	工程细目	定额编号	定额单位	工程数量	定额调整
1	机械挖基坑土、石方	4-1-3-5	1000m^3	0.168	
2	填砂砾(砂)基础垫层	4-11-5-1	10m^3	2.40	
3	涵台基础	4-6-1-1	10m^3 实体	13.68	C20换C25,混凝土数量×0.85 增加片石,用量为10.2×0.215
4	支撑梁钢筋	4-6-1-12	1t	0.0529	光圆钢筋:0.337 带肋钢筋:0.688
5	支撑梁混凝土	4-6-1-5	10m^3 实体	0.90	C20换C25
6	实体式涵台墙身	4-6-2-2	10m^3 实体	37.39	C20换C25,碎石8cm换碎石4cm,增加片石,用量为10.2×0.215
7	桥(涵)台帽钢筋	4-6-3-5	1t	0.040	
8	台帽混凝土非泵送钢模	4-6-3-1	10m^3 实体	4.20	C30换C25
9	矩形板钢筋	4-7-9-3	1t	1.084	光圆钢筋:0.468 带肋钢筋:0.557
10	预制矩形板混凝土	4-7-9-1	10m^3 实体	6.02	
11	矩形板运输	4-8-3-8	10m^3 实体	6.02	
12	矩形板安装	4-7-10-1	10m^3 实体	6.02	
13	混凝土拌和	4-11-11-2	10m^3	55.56	6.02×1.01+(4.20+0.90)×1.02+(37.39+13.68)×0.85×1.02
14	机动翻斗车运输第一个100m	4-11-11-20	10m^3	6.08	6.02×1.01

续上表

15	混凝土搅拌运输车运输第一个1km	4-11-11-22	10m³	49.48	(4.20+0.90)×1.02+(37.39+13.68)×0.85×1.02
16	沥青麻絮伸缩缝	4-11-7-11	1m²	12	
17	沥青防水层	4-11-4-5	1m²	31.2	2.6×12
18	浆砌片石基础、护底、截水墙	4-5-2-1	10m³	15.24	M7.5 换 M10
19	浆砌片石实体式台、墙	4-5-2-4	10m³	7.96	M7.5 换 M10
20	浆砌片石锥坡、沟、漕、池	4-5-2-7	10m³	140.05	M5 换 M10

能力训练

一、思考题

1. 预算定额的作用有哪些？
2. 简述预算定额与施工定额、概算定额的关系。
3. 预算定额的内容包括哪几部分？
4. 简述预算定额的编制步骤。

二、计算题

1. 某轻型混凝土墩台，采用C30普通钢筋混凝土（水泥强度等级为42.5），确定混凝土材料的预算定额。

2. 某二灰稳定碎石基层，厚32cm，采用稳定土拌和机沿路拌和、分层拌和、碾压，材料配合比为石灰∶粉煤灰∶碎石=6∶17∶77，试确定该项目的预算定额。

3. 某土方工地有挖方60000m³天然密实方，土质为硬土，采用10m³自行式铲运机运土方，运距为400m，沿路升15%的坡。若总工期为30d，试确定铲运机的数量。

4. 某桥现浇预应力等截面箱梁的设计图纸中光圆钢筋为2.50t，带肋钢筋为8.20t，试确定该分项的钢筋预算定额。

5. 某3孔拱桥，跨径为20m，采用满堂式木拱盔，试确定其预算定额。

三、案例分析题

1. 某高速公路第一合同段的路基工程填方集中，填方需借土210000m³（普通土，远运平均运距为5km),试确定借方的工料机消耗量。

2. 某隧道开挖正洞长8000m,辅助坑道为斜井,长500m,其中从进出口开挖6000m,从辅井开挖2000m,围岩均为Ⅲ级,开挖方式采用机械开挖自卸汽车出渣。确定该工程开挖和出渣适用的定额。

3. 某二级公路,路段长度为6km,路基宽度为26m,路面结构图如案例图4-1所示,路面各结构层均采用厂拌法施工,利用已有的稳定土拌和楼和沥青拌和楼,综合运输距离为3km,水泥稳定碎石混合料采用300t/h厂拌设备拌和,8t自卸汽车运输,12.5m以内的摊铺机进行摊铺;沥青面层混合料采用240t/h的厂拌设备拌和,8t自卸汽车运输;乳化沥青稀浆封层为ES-2型;预制路缘石和现浇路缘石靠背尺寸见案例图4-1。试详细列出本段路面工程所需预算定额细目。

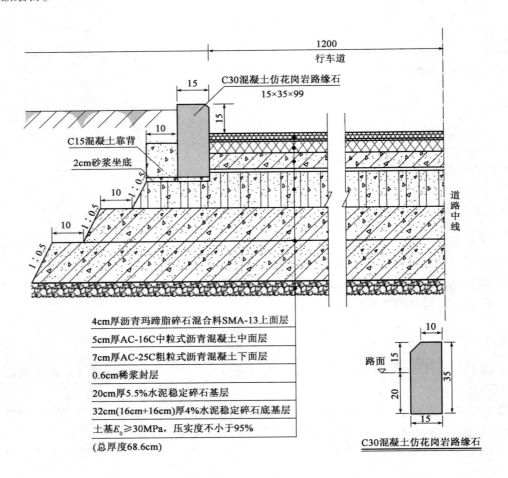

案例图4-1(尺寸单位:cm)

4. 案例图4-2为某圆管涵的设计图纸和主要工程量表,试列出编制施工图预算所涉及的主要定额细目的名称、单位、定额编号及其工程量等内容,并填入表格中。

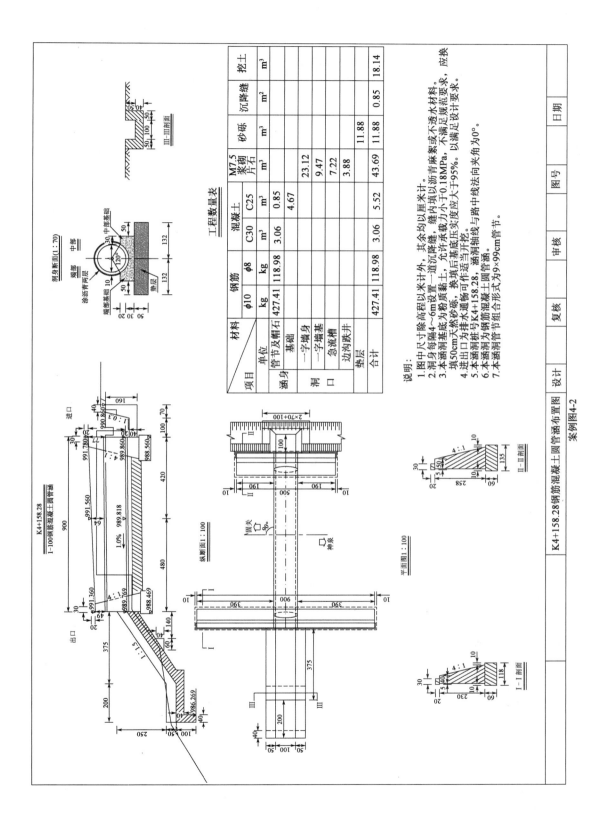

项目五　概算定额的编制与运用

【概述】　概算定额是在预算定额的基础上，以主要工序为准综合相关分项工程的扩大定额。本项目主要介绍公路工程概算定额的概念、作用以及内容组成，并结合实例讲述概算定额的应用方法。

任务一　认识概算定额

学习目标

（1）熟悉概算定额的定义和作用；
（2）了解概算定额的编制原则。

任务描述

公路工程概算定额是编制设计概算和修正概算时的重要计价依据。本任务要求学生了解概算定额的定义和作用，了解概算定额在工程定额体系中的地位和编制原则。

相关知识

一、概算定额及其作用

（一）概算定额

概算定额是在预算定额的基础上，以主要工序为准综合相关分项工程的扩大定额，它是按主要分项工程或结构构件规定的计量单位综合相关工序的劳动、材料和机械台班的消耗标准。概算定额具有较强的综合性和概括性。

概算定额与预算定额一样都属于计价定额，不同之处在于项目划分和综合扩大程度上的差异，各适用于不同设计阶段的计价需要。概算定额是编制初步设计概算、修正概算的依据，也是编制建设项目投资估算指标的基础，适用于公路基本建设新建、改建工程。对于公路养护的大中修工程，可参考使用。

（二）概算定额的作用

（1）概算定额是编制初步设计概算和技术设计阶段修正概算的主要依据。
公路工程基本建设程序规定，采用两阶段设计时，初步设计必须编制概算；采用三阶段设计时,其技术设计必须编制修正概算,对拟建项目进行总估价。

(2)概算定额是设计方案比较的依据。

通过概算定额可以对不同设计方案所需人工、材料和机械台班消耗量、材料重量、材料资源等进行比较,从中选择出技术先进可靠、经济合理的设计方案。

(3)概算定额是编制主要材料需要量的计算基础。

根据概算定额所列材料消耗指标可以计算工程用料数量,在施工图设计之前制定供应计划,为材料的采购、供应以及施工准备提供依据和条件。

(4)概算定额是编制建设项目投资估算指标的基础。

公路工程估算指标是在概算定额的基础上,经过扩大和综合编制而成的。

(5)在不具备施工图预算的情况下,概算定额还可以作为制定工程标底的基础。

(6)概算定额在实行建设项目投资包干时,是项目包干费的计算依据。

二、概算定额的特点

1. 法规性

概算定额与预算定额一样是国家建设行政主管部门编制、颁发的一项重要技术经济法规,它是国家确定和控制基本建设总投资的依据。

2. 科学性

概算定额是按照合理的施工组织和一般正常的资源消耗量标准,根据国家现行公路工程施工技术及验收规范、质量评定标准及安全操作规程取定的,科学地反映了当前行业的劳动生产率水平。新的概算定额中增编了二级以上公路的新项目及技术复杂的特大型桥梁工程项;在公路路基设计土石方移挖作填调配中,定额规定了各等级公路各类土压实方与天然密实方的换算系数等,以提高概算编制的精确性。

3. 适应性

定额中编入近年来公路建设中采用的新技术、新工艺、新材料和新设备。定额中施工工艺机械化程度进一步提高,以机械为主进行施工的工程,增加了大机械施工项目,并按多种机械合理配合施工编制,以适应现代施工的实际情况。

4. 综合性

概算定额的内容和深度是以预算定额为基础进行综合与扩大的,它将预算定额中有联系的若干各分项工程项目综合为一个概算定额项目。概算定额的项目主要是根据初步设计或技术设计所能提供的工程量的深度加以划分。

三、概算定额的编制原则与依据

(一)概算定额编制的原则

1. 与设计深度相适应的原则

公路初步设计和技术设计的深度,是根据交通运输部颁发的《公路工程基本建设项目设计文件编制办法》确定的,包括设计应提供的工程量深度和设计为建设项目计划提供的人工、材料和机械台班数量的规定。初步设计或技术设计提供的工程设计深度,决定着概算定额项目的划分和定额单位的确定。

2. 满足概算控制工程造价的原则

初步设计概算或技术设计修正概算要起到控制建设项目工程造价的作用,概算定额项目应能覆盖建设项目的全部工程项目,并使设计概算或修正概算能控制施工图预算。因此,编制概算定额时,取定的图纸与资料应有一定的代表性;所综合的工程项目应齐全、不漏项,工程数量准确、合理;在平衡、分析和确定定额水平时,要留有余地。

3. 简明适用的原则

概算定额的项目名称要与初步设计或技术设计所提供的工程量名称相一致,定额项目工程内容界定应明确、清楚,方便使用。适用性还包括尽量不留缺口,即定额不要留有许多不完备的内容。如注明遇到某种情况时另计,而又没有说明如何计算,会给使用者带来不便。

4. 贯彻国家政策、法规的原则

概算定额的编制,除严格贯彻国家有关法律、法规和政策外,对于国家或行业发布的有关控制工程造价方面的指导精神,如"打足投资,不留缺口""改进概算管理办法,解决超概算问题""工程造价实行动态管理"等也应贯彻落实。

5. 贯彻社会平均水平的原则

概算定额水平的确定与预算定额的水平基本一致,它必须反映正常条件下,大多数施工企业的设计、生产、施工管理水平,应符合价值规律和反映现阶段社会生产力水平。

(二)概算定额的编制依据

(1)国家有关方针、政策及规定;
(2)现行工程施工技术及验收规范、质量检验评定标准及安全操作规程;
(3)现行标准设计图纸或有代表性的设计图或施工详细图;
(4)现行公路工程预算定额;
(5)编制期工程所在地的人工工资标准、材料预算价格及机械台班单价;
(6)施工方案、施工工艺及方式、机械的选择。

任务二 概算定额的编制

(1)了解概算定额的编制步骤;
(2)了解概算定额的编制方法。

公路工程概算定额的编制主要由交通运输部定额站负责编制发布,因此本任务仅要求学生了解概算定额的编制步骤和编制方法。

一、概算定额的编制步骤

概算定额的编制步骤与预算定额类似,主要包括:

(一)编制准备工作

1. 组织定额编制团队

定额编制是一项技术性和政策性很强的工作,需要根据图纸、资料结合当前及今后一个时期公路建设发展情况,以及编制工作人员的经验和阅历,来确定定额项目综合范围和施工方法,因此,编制人员既要有施工技术与管理知识和实践经验,又要懂国家和行业技术经济政策。编制人员应根据专业划分编制小组。

2. 拟订定额编制方案

编制方案主要内容包括:定额编制的目的和要求;定额编制的范围和内容;定额编制的原则和依据;定额编制工作的步骤和方法;定额编制工作的组织与领导机构、人员组成和时间安排等。

(二)收集编制资料

在确定的编制范围内,按照定额编制依据内容,收集国家及有关部门的规定和政策法规资料;现行工程技术标准、规范及规程;现行概算定额的执行情况;现行标准设计图纸或有代表性的设计图或施工详细图;施工组织设计资料,包括施工场地布置,施工方法,施工设备的配置,施工进度安排等资料。

(三)编制概算定额

(1)确定编制细则。

对收集到的各种现行规范、图纸、资料进行分析、整理,确定编制细则,统一编制表格、编制方法、计量单位、专业用语及名称等,包括:

①确定概算材料名称的综合、其他材料费包括的材料名称,小型机具使用费包括的机械名称等。

②确定桥梁工程上部构造施工方法及现场设施取定表,包括各种桥型的桥长,平整场地面积,预制场施工设备配置的种类、数量、使用时间,构件运输机械的种类、运距,预制模板的类型,现浇混凝土设备的配置种类、数量及使用时间,安装设备的配置种类、数量及使用时间等。

(2)划分概算定额项目。

根据初步设计或技术设计提供的工程量深度以及为准确计算造价而要求增加的深度,一般按工程类别、结构类型、主要结构部位、大型施工设施(如围堰、拱盔支架、临时工程)等划分项目。是否划分子目也是由综合误差控制。

(3)根据图纸和资料计算出定额项目主要工程及所含次要工程的工程量。

(4)根据定额项目工程量及项目所综合的各相关预算定额工、料、机消耗量进行综合计算,编制概算定额成果表。

(5)编写定额编制说明(包括各项数据的取定依据)。

(6)写出各章节的使用说明和各项目的工程内容,整理各种表格,装订成册,形成概算定额初稿。

(四)测算概算定额水平,审核初稿

定额水平测算的方法一般有两种:

一是按工程类别的权重进行测算,工程类别的权重需要通过对大量的工程项目进行统计后确定。

二是用新定额重新计算若干典型工程造价,再与原造价比较。比较的范围包括纵向比较和横向比较。纵向比较,即与原公路定额比较,包括种类、工程水平、总水平等;横向比较,即与其他部委的定额比较,同时还要与预算定额的水平比较。

同时对初稿内容、文字和数据等进行审核,修改完善后形成征求意见稿,广泛征求项目业主、设计、施工、建立等单位意见。

(五)概算定额的审查与报批

对各有关方面的反馈的意见和建议经过分析研究,形成审查意见。根据审查意见对概算进行修改、补充,经全面审核无误后形成报批稿,上报主管部门审批。

(六)整理资料,立卷归档

定额编制过程中收集的大量资料和填写的大量计算表格都应妥善整理、立档、成卷与保管,同时对编制工作认真进行总结,撰写总结报告,为下一次定额的修订与编制奠定基础。

二、概算定额的编制方法

(一)概算定额项目划分

概算定额的项目主要根据初步设计或技术设计所能提供的工程量的深度加以划分。由于初步设计或技术设计的深度与施工图设计的深度不同,所以概算定额项目划分与预算定额的项目划分有很大不同,概算定额中只编列了初步设计或技术设计所能提供的主要工程项目,为了避免漏项,将初步设计或技术设计中难以提供的次要工程项目和施工现场设施等综合在主要工程项目中。但考虑到概算要控制投资的要求,对某些定额项目又适当加深,以提高计算的准确性。

对在初步设计或技术设计阶段一般难以提供工程量的项目,定额中尽可能在章、节说明或附注中,按常用量列出,供编制概算时参考。现对各章、节中部分项目的划分和综合情况加以说明。

1.路基工程

路基工程分为包括伐树、挖根、除草、清除表土,土、石方工程,机械碾压路基,洒水车洒水,路基零星工程,路基排水工程,软土地基处理,砌石防护工程,混凝土防护工程,抛石防护工程,各式挡土墙等项目。

其中,零星工程项目是根据公路工程施工的一般含量将整修路拱、整修路基边坡、挖土质台阶、挖截水沟、填前压实以及其他零星回填土方等工程综合为一个项目。同时对人工和机械、填方和挖方、不同机械化施工、碾压以及零星工程,划分土石类别、机械规格、公路等级划分等子目分别编制定额。

2. 路面工程

路面工程包括各种类型路面以及路槽、路肩、垫层、基层等项目,除沥青混合料路面、厂拌基层稳定土混合料运输以 1000m³ 路面实体为计算单位外,其他均以 1000m² 为计算单位。与预算定额不同,沥青混合料路面和厂拌稳定土基层将拌和、铺筑综合,分为拌和及铺筑、运输两个项目,并且按照拌和设备和运输机械种类划分子目。

3. 隧道工程

隧道工程包括开挖、支护、防排水、衬砌、装饰、照明、通风及消防设施、洞门及辅助坑道等项目。综合项目有:

(1)洞内出渣运输定额已综合洞门外 500m 运距;

(2)人工开挖、机械开挖轻轨斗车运输综合了木支撑和出渣、通风及临时管线的工料机消耗;

(3)正洞机械开挖自卸汽车运输项目综合了出渣、施工通风及高压风水管和照明电线路;

(4)洞身衬砌项目定额按照现浇混凝土、石料、混凝土预制块衬砌分别编制,不分工程部位,综合考虑超挖回填因素,并综合了拱顶、边墙衬砌,混凝土或浆砌片石回填,洞内管沟及盖板等工程内容;

(5)洞内照明设施项目将洞口段、基本段进行了综合;

(6)竖井、斜井项目综合了出渣、通风及管线路的工料机消耗量。

4. 涵洞工程

涵洞工程按常用结构分为盖板涵、石拱涵、钢筋混凝土圆管涵、钢筋混凝土盖板涵和钢筋混凝土箱涵五类,交通运输部颁发的《公路工程基本建设项目设计文件编制办法》中初步设计阶段只要求列出涵洞类型、道数和涵洞长度,但由于地区、地形、地质及公路等级的不同,导致涵洞的涵台高度、基础类型,特别是进出口铺筑长度等的工程量差别很大。为了满足合理确定造价的要求,定额计量单位采用构成涵洞的圬工数量,加深了对设计工程量的要求。对于这种要求,涵洞主要工程可通过查阅涵洞标准图取得,次要工程量要在外业测量时注意调查和收集资料予以补充。

为适应林业和工业建设项目配套的公路建设工程编制概算的需要,考虑到这些配套的公路工程在整个建设项目投资中占的比重很小,一般设计达不到公路专业部门的深度,为此专门编列了涵洞扩大定额,供这些配套工程项目使用。

5. 桥梁工程

桥梁工程定额分基础工程,下部构造,上部构造,钢筋及预应力钢筋、钢丝束、钢绞线四节。

基础工程中综合项目较多,如钢板桩围堰按一般常用的打桩机械在工作平台上打桩编制,该项目综合了工作平台、其他打桩附属设施和钢板桩的运输;沉井基础定额中船上拼装钢壳沉井综合了拼装船的拼装项目;打桩工程已将桩的运输及打桩的附属设施以及桩的接头综合在内。

在桥梁工程中,将预制、安装和安装用的吊装设备都综合在预制安装上部构造中,并选择常用的安装方法划分子目。

桥梁工程中单列了钢筋及预应力钢筋、钢丝束、钢绞线项目,是考虑到目前桥梁设计多样化,钢筋含量差别较大,如果综合在混凝土中经常需要调整,不方便,单列较为妥当。对在初步设计或技术设计时不能提供钢筋数量的,在定额说明中列出了各种结构的钢筋含量供参考。

(二)概算定额的子目划分和综合范围

1. 子目划分综合误差控制的规定

(1)在一个建设项目中工程量较大、对工程造价影响较大的定额项目,如路基土石方、路面、隧道、桥梁、涵洞等工程,子目之间的基价综合误差控制在10%以内。

(2)在一个建设项目中工程量不大、对工程造价影响较小的定额项目,子目之间的基价综合误差控制在15%~20%的范围内。

(3)考虑到材料、机械台班的价格变动较大,因此在子目划分时,除了按基价综合误差控制外,还考虑了主要材料和主要机械台班消耗量的误差。

2. 由预算定额综合为概算定额的幅度差

(1)概算定额是在预算定额的基础上扩大、综合而成的,它反映了更大范围的内容。因而在工程量取值、工程标准和施工方法等进行综合取定时,概、预算定额间将产生一定的幅度差。由预算定额综合为概算定额的幅度差主要考虑以下因素:

①由于概算定额是以主要工程结构部位的工程量与次要结构部位的工程量按一定的比例关系综合编制的,在工程标准、工程量、施工方法等进行综合取定时,必然有一定误差。为留有余地,需要考虑一定增加量。

②有一些零星工程项目难以一一计算,需要适当增加一定幅度的差额。

(2)人工幅度差:公路工程概算定额中,人工幅度差系数如表5-1所示。

概算定额人工幅度差系数   表5-1

概算定额工程项目	系数	概算定额工程项目	系数
路基工程	1.02	涵洞工程	1.06
路面、其他工程及沿线设施、临时工程	1.04	隧道、桥梁工程	1.10

(3)机械幅度差系数一律为1.05。

(4)材料幅度差系数:桥涵、隧道按1.02计算。

为了稳定概算定额水平,统一考核和简化计算工程量,并考虑到初步设计图的深度条件,概算定额的编制,应尽量不留活口或少留活口。概算定额一般应要求计算简单、项目齐全,便于使用。

(三)概算定额编制数据准备

(1)确定各项目的设计或施工图纸、施工方案、施工现场布置及施工现场设施安排、施工进度计划等。

(2)计算各项目主要工程项目的工程量及所综合的次要工程项目的工程量,并列出所有工程项目所对应的预算定额表号及基价。

(3)确定概算定额各工程项目的计量单位,计量单位包括计量的名称和数量单位。

(4)进行概算定额子目划分平衡分析,按照综合误差率对各定额项目的基价进行综合平衡,超过最大误差率的就应划分子目。

(四)确定概算定额项目工、料、机消耗量

明确每一个项目的工程内容、所综合的预算定额项目名称和每一个子目的工程量后,各概算定额子目的工、料、机消耗量可通过所包含的各预算定额项目工、料、机消耗量按照工程量综合后,再考虑幅度差系数计算得出。

1. 人工消耗量

概算定额子目人工消耗量 = [∑(预算定额人工消耗量 × 工程数量)] × 人工幅度差系数
(5-1)

2. 材料消耗

由预算定额综合为概算定额的材料可能有若干种,先分别综合:

概算定额子目某种材料消耗量 = [∑(预算定额某种材料消耗量 × 工程数量)] × 材料幅度差系数
(5-2)

概算定额子目其他材料费 = [∑(预算定额其他材料费 × 工程数量)] × 材料幅度差系数
(5-3)

概算定额子目设备摊销费 = [∑(预算定额设备摊销费 × 工程数量)] × 材料幅度差系数
(5-4)

3. 机械消耗

由预算定额综合为概算定额的机械可能有若干种,应分别综合:

概算定额子目某种机械台班消耗量 = [∑(预算定额某种机械台班消耗量 × 工程数量)] × 机械幅度差系数
(5-5)

概算定额子目小型机具使用费 = [∑(预算定额小型机具使用费 × 工程数量)] × 机械幅度差系数
(5-6)

(五)概算定额基价

概算定额基价与预算定额基价类似,是完成定额计量单位工程量,按人工、材料、机械台班基价及定额工、料、机消耗量计算出的人工费、材料费和机械使用费之和。

概算定额子目定额基价 = 人工基价 × 工日数 + ∑(材料基价 × 消耗量) + 其他材料费 + ∑(机械台班基价 × 台班数) + 设备摊销费 + 小型机具使用费
(5-7)

概算定额是全国公路专业统一定额,因此定额基价是按 2007 年北京市人工工资、材料预算价格、机械使用费计算的。如果各省、自治区编制补充定额时,可以省会城市的工资标准、材料预算价格和机械台班费用单价计算。

任务三 概算定额的组成与应用

(1)熟悉概算定额的组成;
(2)掌握概算定额的使用方法。

**任务描述**

本任务要求学生熟悉公路工程概算定额的组成内容,掌握概算定额套用过程中常用的调整方法与技巧,能够运用概算定额完成公路工程概算文件的定额套用。

**相关知识**

一、概算定额的组成内容

现行《公路工程概算定额》(JTG/T 3831—2018)(以下简称概算定额),内容包括路基工程、路面工程、隧道工程、涵洞工程、桥梁工程、交通工程及沿线设施、临时工程共七章。

概算定额组成及定额表形式与预算定额基本相同,由颁发定额的公告,总目录,总说明,上、下册目录,各章、节说明及定额表组成。不同之处是概算定额没有附录。

总说明主要阐述概算定额的适用范围、内容及对各章、节都适用的统一规定;定额所采用的标准及抽换的统一规定;定额编制中未包括或未考虑的内容以及编制补充定额的规定等。

各章、节说明包括各章、节的工作内容、工作范围、工程项目的统一规定、工程量的计算规则等。

概算定额表内容及表现形式如表 5-2 所示。定额项目表中包括:工程项目名称,定额单位,工程内容,完成定额单位工程的人工、材料和机械消耗量、单位、代号、数量,基价等。

主要材料在定额表中以定额消耗量或周转使用量表示,主要材料中数量很少的材料及次要材料则以其他材料费表示;吊装等金属设备的折旧费以设备摊销费表示;主要机械以台班消耗数量表示,数量中已包括预算定额综合为概算定额的机械幅度差,次要机械以小型机械使用费的形式表示。

概算定额表内容及表现形式　　　　　表 5-2

1-1-22　路基零星工程

工程内容:1)整修路拱;2)整修边坡;3)开挖土质截(排)水沟(不进行加固);4)挖土质台阶;5)填前压实;6)零星回填土方。

单位:1km

顺序号	项目	单位	代号	高速、一级公路		二级公路		三、四级公路	
				平原微丘区	山岭重丘区	平原微丘区	山岭重丘区	平原微丘区	山岭重丘区
				1	2	3	4	5	6
1	人工	工日	1001001	342.7	454.2	267.7	345.6	149.4	189.2
2	空心钢钎	kg	2009003	0.05	5.8	0.14	4.88	0.03	2.85
3	φ50mm 以内合金钻头	个	2009004	0.08	9.02	0.22	7.59	0.05	4.44
4	硝铵炸药	kg	5005002	0.6	66.13	1.63	55.67	0.34	32.56
5	非电毫秒雷管	个	5005008	0.68	75.88	1.87	63.87	0.39	37.35
6	导爆索	m	5005009	0.36	40.28	0.99	33.91	0.21	19.83
7	其他材料费	元	7801001	0.1	9.3	0.2	7.8	—	4.6

续上表

顺序号	项目	单位	代号	高速、一级公路 平原微丘区	高速、一级公路 山岭重丘区	二级公路 平原微丘区	二级公路 山岭重丘区	三、四级公路 平原微丘区	三、四级公路 山岭重丘区
				1	2	3	4	5	6
8	0.6m³ 以内履带式液压单斗挖掘机	台班	8001025	6.55	7.14	6.56	6.4	2.08	2.83
9	1.0m³ 以内履带式液压单斗挖掘机	台班	8001027	1.46	—	1.29	—	0.3	—
10	120kW 以内自行式平地机	台班	8001058	1.86	1.47	0.63	0.48	0.31	0.43
11	8~10t 光轮压路机	台班	8001079	3.01	2.38	1.01	0.78	0.5	0.69
12	12~15t 光轮压路机	台班	8001081	0.93	—	0.62	—	—	—
13	蛙式夯土机	台班	8001095	14.19	—	9.16	—	4.53	—
14	3m³/min 以内机动空压机	台班	8017047	0.05	5.07	0.13	4.27	0.03	2.5
15	小型机具使用费	元	8099001	1.30	146.1	3.6	123	0.80	71.9
16	基价	元	9999001	48023	60012	37319	45552	18688	24778

二、概算定额的应用

概算定额的查用方法和注意事项与预算定额相同。查用定额前必须反复阅读总说明，各章、节说明和小注，逐条理解掌握其各种规定；否则，稍有疏忽将会产生很大的错误。

【例5-1】 某三级公路路基工程总长 15km，山岭重丘区，试确定其人工概算定额。

解 根据概算定额第一章第一节路基土、石方工程节说明第8条，题中所列项目均已综合在路基零星工程项目中，编概算时不再单独列项。由定额[1-1-22-6]可知，1km 人工消耗量为 189.2 工日，则该工程项目所需人工总消耗量为：

189.2 × 15 = 2838（工日）

【例5-2】 试确定标准跨径为 1.5m，涵长为 14m 的某石盖板涵的概算扩大定额。

解 由概算定额第四章涵洞工程章说明第3条"为了满足不同情况的需要，定额中除按涵洞洞身、洞口编制分项定额外，还编制了扩大定额。一般公路应尽量使用分项定额编制，厂矿、林业道路不能提供具体工程数量时，可使用扩大定额编制"。查定额表[4-1-3-4+9]，见表5-3。

表 5-3

4-1-3 石盖板涵

工程内容:1)排水、挖基、回填夯实;2)基础、墙身砌筑的全部工序;3)洞身与洞口铺砌及加固;4)安砌盖板和铺设胶泥防水层。

Ⅰ.1 道涵洞

单位:1 道

顺序号	项目	单位	代号	涵长13m				
				标准跨径(m)				
				0.75	1.00	1.25	1.50	2.00
				1	2	3	4	5
1	人工	工日	1001001	47.5	60.7	78.6	115.8	124.1
2	8～12号铁丝	kg	2001021	0.83	1.18	1.62	2.87	2.71
3	钢管	t	2003008	0.006	0.008	0.011	0.019	0.018
4	铁钉	kg	2009030	0.14	0.2	0.27	0.48	0.45
5	水	m³	3005004	22.83	31.51	43.54	68.22	75.68
6	锯材	m³	4003002	0.03	0.04	0.05	0.1	0.09
7	黏土	m³	5501003	1.66	2.08	2.39	2.7	3.43
8	中(粗)砂	m³	5503005	10.16	13.36	17.71	28.05	28.16
9	片石	m³	5505005	19.32	25.07	32.89	51.41	51.41
10	块石	m³	5505025	11.76	15.75	21	34.44	33.71
11	盖板石	m³	5505027	2.2	3.5	5.5	7.5	12.1
12	粗料石	m³	5505029	0.18	0.18	0.18	0.18	0.27
13	32.5级水泥	t	5509001	2.494	3.278	4.348	6.885	6.917
14	其他材料费	元	7801001	44.3	54.1	64.5	79	94.6
15	1.0m³以内轮胎式装载机	台班	8001045	0.28	0.38	0.51	0.82	0.85
16	400L以内灰浆搅拌机	台班	8005010	0.44	0.57	0.76	1.19	1.2
17	基价	元	9999001	9862	12888	17011	25860	27558

Ⅱ.涵长每增减1m

单位:1 道

顺序号	项目	单位	代号	涵长每增减1m				
				标准跨径(m)				
				0.75	1.00	1.25	1.50	2.00
				6	7	8	9	10
1	人工	工日	1001001	2.4	3.3	4.5	5.5	6.2
2	8～12号铁丝	kg	2001021	0.04	0.06	0.09	0.16	0.14
3	钢管	t	2003008	—	—	0.001	0.001	0.001
4	铁钉	kg	2009030	0.01	0.01	0.02	0.03	0.02
5	水	m³	3005004	1.25	1.8	2.78	3.78	4.25

续上表

顺序号	项目	单位	代号	涵长每增减1m 标准跨径(m)				
				0.75	1.00	1.25	1.50	2.00
				6	7	8	9	10
6	锯材	m³	4003002	—	—	—	0.01	—
7	黏土	m³	5501003	0.1	0.21	0.21	0.21	0.31
8	中(粗)砂	m³	5503005	0.51	0.68	1.24	1.39	1.38
9	片石	m³	5505005	1.04	1.27	2.65	2.53	2.53
10	块石	m³	5505025	0.53	0.84	1.16	1.79	1.68
11	盖板石	m³	5505027	0.2	0.3	0.4	0.6	0.9
12	32.5级水泥	t	5509001	0.124	0.166	0.302	0.341	0.338
13	其他材料费	元	7801001	0.3	0.4	0.7	1	1
14	1.0m³以内轮胎式装载机	台班	8001045	0.02	0.02	0.04	0.04	0.05
15	400L以内灰浆搅拌机	台班	8005010	0.02	0.03	0.05	0.06	0.06
16	基价	元	9999001	507	696	1070	1308	1416

可知石盖板涵的概算扩大定额为:

人工:$115.8+5.5\times1=121.3$(工日)

8~12号铁丝:$2.87+0.16\times1=3.03$(kg)

钢管:$0.019+0.001\times1=0.02$(t)

铁钉:$0.48+0.03\times1=0.51$(kg)

水:$68.22+3.78\times1=72.00$(m³)

锯材:$0.10+0.01\times1=0.11$(m³)

黏土:$2.70+0.21\times1=2.91$(m³)

中(粗)砂:$28.05+1.39\times1=29.44$(m³)

片石:$51.41+2.53\times1=53.94$(m³)

块石:$34.44+1.79\times1=36.23$(m³)

盖板石:$7.50+0.60\times1=8.10$(m³)

粗料石:0.18m³

32.5级水泥:$6.885+0.341\times1=7.226$(t)

其他材料费:$79.0+1.0\times1=80.00$(元)

1.0m³以内轮胎式装载机:$0.82+0.04\times1=0.86$(台班)

400L以内灰浆搅拌机:$1.19+0.06\times1=1.25$(台班)

基价:$25860+1308\times1=27168$(元)

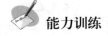 **能力训练**

一、思考题

1. 概算定额的含义是什么?
2. 概算定额的作用是什么?
3. 概算定额的编制原则和依据是什么?
4. 概算定额项目划分的原则是什么?
5. 概算定额子目划分综合误差的控制有哪些规定?
6. 由预算定额综合为概算定额的幅度差,主要考虑哪些因素?
7. 简要叙述概算定额的编制步骤。
8. 自行查阅《公路工程概算定额》(JTG/T 3831—2018),熟悉定额结构、表格的编排,仔细阅读定额总说明和各章说明、附注等,并且与《公路工程预算定额》(JTG/T 3832—2018)进行比较,找出同类定额并进行两者之间定额水平的分析。

二、计算题

1. 某隧道工程长2600m,围岩级别为Ⅵ级,洞门外运距为800m,正洞采用机械开挖,自卸汽车运输施工,确定其概算定额。
2. 试确定标准跨径为2.0m,涵长为12m的钢筋混凝土盖板涵的概算扩大定额。
3. 某隧道工程洞内路面采用18cm厚砂砾垫层,试确定其路面垫层概算定额值。

项目六　估算指标的编制与运用

> 【概述】　公路工程估算指标是以独立的建设项目、单位工程或单项工程为编制对象，确定的完成单位合格产品所必需的人工、材料、机械台班的消耗量标准。本项目主要介绍公路工程估算指标的概念、编制方法以及内容组成，并结合实例讲述估算指标的套用方法。

任务一　认识估算指标

学习目标

（1）熟悉估算指标的定义和作用；
（2）了解估算指标的编制原则。

任务描述

公路工程估算指标是编制投资估算时的重要计价依据。本任务要求学生了解估算指标的定义和作用，了解估算指标在工程定额体系中的地位。

相关知识

一、估算指标及其作用

（一）估算指标的概念

公路工程估算指标是以独立的建设项目、单位工程或单项工程为编制对象，确定的完成单位合格产品所必需的人工、材料、机械台班的消耗量标准。估算指标是编制和确定项目建议书和可行性研究报告投资估算的依据，也可作为技术方案比较的参考。

估算指标既是定额的一种表现形式，又不同于其他的计价定额，它更具综合性和概括性。估算指标与项目前期工作深度相适应，综合了项目建设全过程中的各类成本与费用，适用于公路基本建设新建、改建工程。

（二）估算指标的作用

估算指标是固定资产投资管理和控制的重要手段，它为建设项目决策阶段的工程定价提供了可靠依据与科学方法，其准确与否直接影响到项目决策的科学性、规范性和准确性。估算指标的作用具体为：

(1)在编制项目建议书和可行性研究报告阶段,它是多方案比选、优化设计方案、正确编制投资估算、合理确定项目投资额的重要基础;

(2)在建设项目评价、决策过程中,它是评价建设项目投资可行性、分析投资效益的主要经济指标;

(3)在建设项目实施阶段,它是限额设计和工程造价与控制的依据。

二、估算指标的编制原则与依据

(一)估算指标的编制原则

估算指标的编制应正确地反映当前和今后一个阶段公路设计、施工的实际情况。指标水平要先进合理,凡历史上已达到的水平要巩固、提高。指标的具体编制原则为:

1. 与基本建设前期工作的深度和要求相适应

在项目建议书、可行性研究报告等基本建设前期工作阶段存在大量模糊、不确定的因素,估算指标的编制要与各阶段的编制深度和要求相适应,需要运用统计理论,采用定性与定量分析相结合的方法,在个别事物中找出带有规律性的东西加以概括、综合或列入不同条件下的调整系数或参考数值,为分析、评价建设项目的经济合理性、制订长期计划、编制项目建议书和可行性研究报告提供科学依据。

2. 指标应具有较强的综合性与灵活性

估算指标项目划分既要能综合使用,又要能分解使用;即要能反映一个建设项目的全部投资及其构成,又要能按组成建设项目投资的各个单位工程的数量计算组合投资。同时增加指标使用的灵活性,考虑到各地区由于气候、水文、地质条件差异较大,应允许调整指标,并给出调整条件和调整方法。

3. 指标表现形式应准确、简化、方便使用

估算指标的项目划分和表现形式应准确、简化、方便使用,少留缺口。指标的章、节说明和指标项目的工程内容应简明、准确,要有符合指标深度的工程量计算规则,避免因含糊不清在以后的应用中引起不必要的纠纷。

指标的编排和表现形式还应考虑工程条件的特殊性,当项目工程量与指标相差较大时,应允许调整指标;同时应考虑与软件程序的配套。

4. 应选择具有代表性的典型项目

由于每一个建设项目都有自己的独特性,编制估算指标时应选择至少三个以上具有代表性的典型项目的实际竣工资料作为编制依据。

5. 指标内容具有代表性与适用性

指标的编制内容必须遵循国家相关技术经济法规,符合行业技术发展方向,既要尽可能地采用代表科技发展方向的新成果,提高生产能力和使用功能,又要从实际出发,做到技术上先进、可行和经济上低耗、合理,力争以较少的投入获得最大的效益。

(二)估算指标的编制依据

(1)国家对基本建设的有关方针、政策、规定和通知。

（2）现行公路工程技术标准，设计规范、施工技术及验收规范、安全操作规程等。

（3）桥涵通用标准图。

（4）《关于印发公路建设项目可行性研究报告编制办法的通知》。

（5）指标编制年交通运输部颁布实施的《公路工程概算定额》和《公路工程基本建设项目概算预算编制办法》，以及建设项目用地定额、建设项目工期定额等资料。概算定额缺少的项目可按《公路工程预算定额》分析计算。

（6）指标编制年的人工工资标准、材料预算价格及施工机械台班单价，以北京地区价格为准。

（7）设计图纸或竣工图纸

一般一种结构类型应有三种以上资料经过分析，提出一份具有代表性的图纸或资料，作为编制指标的依据。如经比较确因条件不同对造价较大影响时，可以分别按不同因素划分子目编制。

任务二 估算指标的编制

（1）了解估算指标的编制步骤；
（2）了解估算指标的编制方法。

公路工程估算指标的编制主要由交通运输部定额站负责编制发布，因此本任务仅要求学生了解估算指标的编制步骤和编制方法。

一、估算指标的项目划分和综合范围

估算指标的项目主要是根据项目建议书和工程可行性研究阶段所能提供的工程量的深度加以划分。为了提高指标的准确性和适用性，各项目范围内还应划分子目。指标项目和子目的划分必须与设计深度相对应，项目划分过粗，势必降低指标的准确度，难以准确地估算投资；项目划分过细，由于设计深度不够，难以提出所需要的较准确的工程量，同样达不到准确估算投资的目的。是否划分子目按综合极限误差来确定。现将各章中部分项目的划分和综合情况加以说明。

（一）路基工程

路基工程分为挖土方，填土方，借土方挖、装，自卸汽车运土、石方，开炸石方，填石路堤，粉煤灰路堤、排水与防护工程、其他路基防护、路基软基处理等项目。

挖土方指标已综合伐树、挖根、砍挖灌木林、路基零星工程等工作，并按地形条件划分有子目；填土方和填石路堤指标则按公路等级划分子目。

自卸汽车运土、石方指标中已综合各种土质的压实系数及运输损耗。

排水与防护工程指标中按砌石、片石混凝土、混凝土圬工和其他排水工程划分子目。其他排水工程已综合路面排水工程,同时又按公路等级划分二级子目。

软基处理工程量按处置面积进行计算,并按处治深度划分子目,其中:

处治深度3m以内:指标Ⅰ综合清淤和一般砂砾换填,指标Ⅱ综合抛石挤淤和土工合成材料等方法。

处治深度3~12m:指标综合袋装砂井、塑料排水板、粉喷桩、堆载及真空预压等处治方法。

处治深度12~20m:指标综合各类粒料桩、加固土桩、CFG桩等处治方法。处治深度超过20m则要求按现行《公路工程概算定额》计算。

(二)路面工程

路面工程分为路面垫层、稳定土基层、其他路面基层、沥青路面、水泥混凝土路面、其他路面、沥青路面镶边及路缘石等项目。基层、垫层按顶层面积计算;沥青路面和水泥混凝土路面按路面实体计算;沥青路面镶边及路缘石按路基长度计算。

指标中均已综合挖路槽,培路肩,稳定土拌和站安拆,稳定土拌和料的拌和与运输,沥青混合料拌和站安拆,沥青混合料的拌和与运输、铺筑、压实,透层,封层,磨耗层,水泥混凝土的拌和与运输,水泥混凝土搅拌站安拆,路肩加固等。

(三)隧道工程

隧道工程分为洞身、明洞、洞门、竖井、斜井和管棚等项目。

洞身指标已综合复合式路面结构,工程量按隧道正洞、人行横洞、车行横洞、紧急停车带面积之和计算。若设计能提出隧道围岩等级时,可对洞身指标进行调整。

竖井和斜井指标中已综合联络道的工程内容。

(四)涵洞工程

涵洞工程分为盖板涵、圆管涵、拱涵和箱涵等项目。涵身工程量按涵洞长度计算,洞口工程量按道计算。涵洞指标分为跨径3m以内和5m以内两个子目,跨径小于0.5m的灌溉涵已综合在指标中,跨径大于5m的涵洞则按标准跨径小于16m的桥梁指标计算。

(五)桥梁工程

桥梁工程分为标准跨径小于16m的桥梁和标准跨径大于或等于16m的桥梁两项,其中标准跨径大于或等于16m的桥梁又分为一般结构桥梁(如预应力空心板、预应力T形梁、预应力箱梁等)和技术复杂结构桥梁(如连续刚构连续梁、斜拉桥、悬索桥、钢管拱等)两部分。技术复杂结构桥梁又再次分为基础工程、下部结构和上部结构三部分。

桥梁指标中均包括基础、下部、上部、桥台锥坡、桥头搭板等工程;除特殊说明外,还包括桥面铺装工作内容。指标中还综合有混凝土集中拌和、混凝土运输及拌和站安拆、临时轨道、混凝土构件蒸汽养护及蒸汽养护室建筑等项目。

标准跨径小于16m的桥梁指标中已综合不同结构类型的桥梁,使用时不得调整指标。标准跨径大于或等于16m的桥梁按不同的结构类型划分子目。

(六)交叉工程

交叉工程分为互通式立体交叉、分离式立体交叉、平面交叉、通道、人行天桥及渡槽等项目。

互通式立体交叉匝道工程量按设计长度计算,匝道指标已综合路基、路面、构造物以及其他附属设施等全部工程内容。匝道桥工程量按桥面面积计算,指标综合基础、下部、上部、桥面系和桥台等工程的全部内容。

分离式立体交叉顶进箱涵指标中综合顶进设施、箱涵预制、顶进、铁路线加固、防护网等全部工程内容。被交道指标中综合路基、路面、构造物以及其他附属设施等全部工程内容。

平面交叉工程量按需要设置的交叉处数计算,指标中综合路基、路面、构造物以及其他附属设施等全部工程内容。

通道按需要设置总长度计算,指标中综合通道本身、通道内路面等全部工程内容。

人行天桥及渡槽指标已综合基础、下部、上部混凝土及圬工、钢筋、支座、伸缩缝、混凝土护栏等全部工作。

(七)交通工程及沿线设施

交通工程及沿线设施分为安全设施、监控系统、通信系统、收费系统、隧道工程机电设施、独立大桥工程机电设施、服务房屋等项目。

安全设施指标单位为公路公里,指标中已综合道路应设置的各种安全设施,包括匝道的安全设施。

收费系统指标综合了收费岛土建工程、机电、广场照明及收费亭等工程全部工程,指标单位为每条收费车道。

隧道工程机电设施工程量按隧道设计长度计算,指标综合了监控系统、通风系统、消防系统、供配电及照明、预留预埋件等工程的全部工作,并以此划分指标子目。

(八)临时工程

临时工程分为临时便道、临时便桥、临时码头、其他临时工程等项目。

临时道路指标中综合路基、路面、桥涵、排水防护、养护等工程的全部工作,分简易便道和复杂便道两个子目。

临时便桥综合了基础、上部构造全部工作。

其他临时工程综合了临时电力线路、临时通信线路、其他零星工程、交工前养护等全部工作。指标单位为1公路公里。

二、估算指标的编制步骤

(一)编制准备工作

1.成立估算指标编制团队

估算指标的编制是建设标准、施工工艺、工程结构、施工设备及技术经济等各个专业共同协作的成果,因此,编制成员应由理论知识和实践经验丰富的各专业技术人员组成,根据工作需要可下分为若干个专业工作小组和一个综合组。在主编单位的领导下开展工作。

2. 制订估算指标编制计划

编制组应制订一套完整的、可操作性强的指标编制计划或编制工作大纲，使整个指标编制过程有章可循，内容应包括：基础资料调查提纲及调查表格、指标编制原则与依据、指标的内容及表现形式、指标的层次及相互衔接、指标项目和子目划分原则、指标综合范围、指标的编制程序、分析计算方法及各种分析计算表格、工作制度和质量要求以及指标编制人员职责等。

3. 调查与收集基础资料

基础资料是指标编制工作的基础，资料收集得越多，反映出的问题就越多，越有利于编制时能全面考虑，以提高指标的实用性和覆盖面。

1) 基础资料调查内容及要求

基础资料来源应是与估算指标编制内容有关的已经建成的建设项目的竣工资料、决算资料或正在建设的项目的工程设计图纸、施工资料、概预算资料，特别是高等级公路和特大型桥梁项目的资料等。调查项目应涵盖不同地形和不同道路等级。同时还应调查旧指标使用中存在的问题。

建设项目的选择应具有一定的代表性，能充分体现本地区公路建设的实际情况。调查资料应以两个以上的完整建设项目为调查对象，如路线工程或独立大(中)桥工程。对于一条路线项目，资料中应尽可能包括路基、路面、隧道、桥涵、交叉、安全及服务设施等工程项目。

2) 基础资料调查方法

基础资料的调查方法一般有两种：一是抽调有经验的专业人员组成调查小组进行重点工程的专题资料收集或专项调查；二是制定统一的基础资料调查表格，在已确定的编制范围内，普遍收集资料，内容主要以统计资料为主。采取表格化的调查方法，其优点是便于更好地整理与分析调查资料。调查通常将上述两种方法结合起来进行，互为补充。

(二) 估算指标的编制

(1) 整理分析调查资料，确定指标编制工作细则。

对收集到的各种基础资料进行分析、整理，剔除明显不合理的项目资料。确定指标编制工作细则，统一编制表格、编制方法、计量单位、专业用语及名称等。

(2) 确定估算指标子目的取定工程量组合。

将符合要求的建设项目资料填入"估算指标子目划分平衡分析表"中，填表时应按指标子目划分情况分类填写，平衡分析后确定指标子目的取定工程量组合。

(3) 根据平衡分析的结果，复核无误后，将同一指标项目各子目的工程量组合汇总，填写"估算指标成果表"(即电算数据准备表)。

(4) 填写指标编制说明。

根据确定的各项目的编制依据、编制方法、子目划分等情况，填写各项指标的编制说明，包括各项数据的取定依据、使用说明、存在的问题及使用注意事项等。

(5) 电算指标成果。

将指标编制说明、估算指标子目划分平衡分析表和估算指标成果表装订成册，交各专业组组长及综合组审定。经同意后，通过计算机计算并打印出成果表。

(6) 编写各章、节的使用说明和各项目的工程内容、工程量计算规则。

(7)整理各种表格,装订成册,编写目录,完成指标初稿。

(三)测算指标水平,审核指标初稿

估算指标水平测算是将新编制的指标与选定项目的概算,在同一价格条件下进行比较,检验其"量差"的偏离程度是否在允许的误差范围之内,如偏离过大,应查找原因进行修正,以保证指标的确切、实用。同时,测算也是对指标编制质量进行的一次系统性检查,应由专人进行,以保证测算口径的统一,在此基础上组织有关专业人员对指标初稿予以全面审核、修改完善,形成指标征求意见稿,广泛征求项目业主、设计、施工、建立等单位意见。

(四)估算指标的审查、修改与报批

对各有关方面的反馈的意见和建议经过分析研究,在统一意见的基础上进行归纳整理,对其中某些重大问题或争议较大的问题,可视其具体情况,召开专题讨论或作补充调查研究,制订修改、补充方案,形成审查意见。

根据审查意见对估算指标进行修改、补充,经全面审核无误后形成报批稿,上报主管部门审批。

(五)整理资料,立卷归档

指标编制过程中收集的基础资料和填写的大量计算表格都应妥善整理、立卷归档,同时对编制工作认真进行总结,撰写总结报告,为下一次指标的修订与编制奠定基础。

三、估算指标编制的方法

(一)基础资料的整理与分析

1. 基础资料的整理

由于收集的基础资料是按不同的建设项目填写的,因此,需要对调查资料进行必要的整理,按照不同的类别和调查表格分类归档,统一编号,建立资料库,既便于准确、快捷地调用资料,又便于对资料的管理。

2. 基础资料的分析

由于调查收集的资料来源不同,受设计方案、建设条件、建设时间、建设地点等因素影响,相互之间存在较大差异,资料中所反映的、实际发生的并不都是合理的,过去发生的今后不一定会发生,同时还可能出现数据反常及重复、漏项现象和水平上的较大变化。因此,需要对调查资料进行分析,抓住所占投资比重大、相互关联多的项目认真地分析平衡,确定造成误差的因素是否合理的,剔除明显存在不合理内容的建设项目资料,这样既减轻了工作量又加快了编制速度,同时也提高了指标的编制质量。

(二)估算指标子目平衡分析

估算指标项目确定后,为了提高指标估算的准确性和使用上的方便,在各项目范围内应将划分子目对人工、材料或机械消耗量差别较大的情况加以区分。具体做法是根据工程项目和工程量的计算数据,以现行《公路工程概算定额》中的基价为准,分析求得不同因素下的指标基价,将各子目的算术平均综合基价与子目基价比较,一般以正负误差15%为划分子目的界限,误差在±15%以内的合并为一个子目,误差在±15%以外的则划分子目编制。但对工程量较大的工程项目(如土、石方等),其允许误差幅度应降低一些(如10%左右)。

(三)确定估算指标工程量

估算指标是根据已完工程项目或在建工程项目概、预、决算资料,在概算定额的基础上进行适当综合和扩大编制而成。指标中综合的各工程项目工程量含量的确定是指标编制中的关键环节,其分析取定方法一般有三种:

1. 算术平均取值法

算术平均取值法是根据所拥有的基础资料,在"指标子目划分平衡分析表"中,对每个建设项目的资料进行必要的分析,其中误差较大的建设项目属于正常情况的,根据产生误差的界定条件划分子目;属于存在不合理内容的予以剔除,最后将属于同一指标子目的各建设项目的工程细目的工程量进行算术平均,求得指标子目的工程量组合。

2. 加权平均取值法

加权平均取值法与算术平均取值法相同,区别之处是将属于同一子目的各建设项目的工程细目的工程量进行加权平均,最后求得指标子目的工程量组合。

3. 典型工程取值法

典型工程取值法是在"指标子目划分平衡分析表"中,对每个建设项目的资料进行必要的分析后,在计算出指标子目的算术平均值或加权平均值的基础上,选用某一与算术平均值或加权平均值指标子目接近的建设项目的工程量,或某几个建设项目工程量的平均值,作为取定指标子目的工程量组合的依据。

上述三种取值方法各有其特点,指标编制中应根据不同指标项目的特点选用合适的编制方法。

(四)确定估算指标的计量单位

由于工程内容的综合,估算指标的计量单位比其他计价定额更具综合性,计量单位的确定既要考虑估算投资的准确度,又要考虑指标的可操作性,应根据工程量计算规则并以能确切地反映指标项目所包含的工作内容为原则。计量单位包括计量的名称和数量,如对于标准跨径小于16m的桥梁和标准跨径大于或等于16m的一般结构桥梁,计量单位均为100m^2桥面。

在技术复杂大桥上部结构中,预应力混凝土梁、箱型拱和钢管拱的计量单位均是100m^2桥面;斜拉索、悬索桥、钢箱梁的计量单位均为10t。技术复杂大桥下部结构和除钢管桩以外的基础工程,计量单位均是10m^3实体。钢管桩基础计量单位为10根。

(五)确定指标工、料、机消耗量

估算指标各个项目的工、料、机消耗量是在明确每一个项目所综合的工程内容及每一个子目的工程量后,根据各项目的工程内容和工程量将概算定额有关项目的工、料、机消耗量进行综合,同时考虑概算定额未考虑的一些因素而确定的。

项目工、料、机消耗量的计算与概、预算定额消耗量的计算方法基本相同,估算指标也是以人工工日消耗量、主要材料消耗量、其他材料费、设备摊销费、主要机械台班消耗量、小型机具使用费、基价等实物指标为表现形式。

（六）估算指标水平测算

指标测算的目的是了解新编制或修订的估算指标是否能合理确定项目的投资估算，是否能包得住概算，掌握新指标制订的水平合理性，完善指标章节说明，为进一步修改指标提供依据。测算方法分为：

1. 纵向对比

用新修订的估算指标、新估算编制办法和项目初步设计所对应的工程量计算估算，结果与用项目概算进行对比分析。要求概算与估算采用同一单价和同一费率。所有参与测算的项目概算和估算都采用07版定额所采用的单价。对概算文件中采用补充定额和数量乘单价的项目予以剔除。

2. 横向对比

用新修订的估算指标、项目工程可行性研究阶段所对应的工程量计算估算，结果旧版估算指标和编制办法计算的估算进行横向对比分析。

（七）估算指标基价

估算指标基价是各项目人工费、材料费和机械使用费的合计值。

任务三　估算指标的组成与应用

（1）熟悉估算指标的组成；
（2）掌握估算指标的使用方法。

本任务要求学生熟悉公路工程估算指标的组成内容，掌握估算指标套用过程中常用的调整方法与技巧，能够运用估算指标完成公路工程投资估算文件的定额套用。

一、估算指标的组成内容

现行《公路工程估算指标》（JTG/T 3821—2018）（以下简称估算指标），内容包括路基工程、路面工程、隧道工程、涵洞工程、桥梁工程、交叉工程、交通工程及沿线设施、临时工程共八章及附录。

估算指标组成及指标表形式与其他的计价定额基本相同，包括：

1. 颁发指标的公告

该公告是政府主管部门（交通运输部）关于发布估算指标及施行的日期，阐明指标性质、适用范围及负责解释部门等的法令性文件。

2. 总说明

估算指标总说明共 11 条,主要阐述指标的适用范围及作用、编制依据和指导思想,同时说明编制指标时已考虑和未考虑的因素及有关的规定和使用方法等。

3. 目录

目录位于总说明之后,简明扼要地反映指标的全部内容及相应的页码,对查用指标起到索引作用。

4. 章说明

章说明主要介绍本章内容、项目共性问题、各项目综合范围、工程量的计算方法和规则、尺寸的起、迄范围以及计算使用的系数和附表等。与其他计价定额不同,估算指标各章中没有再划分节。

5. 指标表

指标表是估算指标的主要组成部分,其内容组成及表现形式如表 6-1 所示。

估算指标表内容组成及表现形式　　　　　表 6-1

4-2　钢筋混凝土圆管涵

工程内容:挖基、垫层、基础、洞身、洞口及洞口铺砌圬工和钢筋、排水设施等工程的全部工作。

单位:表列单位

顺序号	项目	单位	代号	管径1.0m以内		管径2.0m以内	
				涵身	洞口	涵身	洞口
				10延米	1道	10延米	1道
				1	2	3	4
1	人工	工日	1001001	60.4	33.1	73.5	52.5
2	HPB300 钢筋	t	2001001	0.35	—	0.911	—
3	钢丝绳	t	2001019	—	0.002	—	0.004
4	8~12 号铁丝	kg	2001021	—	0.48	—	0.82
5	20~22 号铁丝	kg	2001022	1.58	—	2.51	—
6	钢管	t	2003008	—	0.01	—	0.018
7	钢模板	t	2003025	0.04	0.05	0.064	0.085
8	铁皮	m²	2003044	—	0.44	—	0.76
9	空心钢钎	kg	2009003	—	0.07	—	0.12
10	φ50mm 以内合金钻头	个	2009004	—	0.11	—	0.18
11	螺栓	kg	200913	—	6.03	—	10.33
12	铁件	kg	2009028	1.76	8.4	2.09	14.4
13	铁钉	kg	2009030	2.44	0.7	2.89	1.2

续上表

顺序号	项目	单位	代号	管径1.0m以内 涵身 10延米	管径1.0m以内 洞口 1道	管径2.0m以内 涵身 10延米	管径2.0m以内 洞口 1道
				1	2	3	4
14	水	m³	3005004	23.13	15.97	31.26	27.38
15	锯材	m³	4003002	0.312	0.084	0.382	0.144
16	硝铵炸药	kg	5005002	—	0.77	—	1.32
17	非电毫秒雷管	个	5005008	—	0.98	—	1.69
18	导爆索	m	5005009	—	0.45	—	0.76
19	中(粗)砂	m³	5503005	10	7.48	13.09	12.81
20	砂砾	m³	5503007	12.38	1.61	19.67	2.75
21	片石	m³	5505005	1	9.78	1.59	16.77
22	碎石(2cm)	m³	5505012	4.33	0.36	6.88	0.61
23	碎石(4cm)	m³	5505013	11.76	5.81	13.92	9.95
24	碎石(8cm)	m³	5505015	—	2.44	—	4.18
25	块石	m³	5505025	—	3.01	—	5.15
26	粗料石	m³	5505029	—	0.09	—	0.16
27	32.5级水泥	t	5509001	6.096	3.398	8.192	5.824
28	42.5级水泥	t	5509002	—	0.199	—	0.341
29	其他材料费	元	7801001	38.3	79.6	51.9	136.4
30	75kW以内履带式推土机	台班	8001002	—	—	0.07	0
31	1.0m³以内轮胎式装载机	台班	8001045	0.01	0.09	0.08	0.17
32	250L以内强制式混凝土搅拌机	台班	8005002	2.33	0.49	—	—
33	400L以内灰浆搅拌机	台班	8005010	—	0.09	—	0.16
34	6m³以内混凝土搅拌运输车	台班	8005031	—	—	0.31	0.02
35	60m³/h以内混凝土搅拌站	台班	8005060	—	—	0.08	0.01
36	4t以内载货汽车	台班	8007003	0.25	—	0.4	—
37	10t以内载货汽车	台班	8007007	0.17	—	0.37	—
38	1t以内机动翻斗车	台班	8007046	0.86	0.36	—	—
39	5t以内汽车式起重机	台班	8009025	1.2	—	1.84	—

续上表

顺序号	项目	单位	代号	管径1.0m以内		管径2.0m以内	
				涵身	洞口	涵身	洞口
				10延米	1道	10延米	1道
				1	2	3	4
40	20t以内汽车式起重机	台班	8009029	—	0.03	—	0.05
41	25t以内汽车式起重机	台班	8009030	—	0.42	—	0.73
42	3m³/min内机动空压机	台班	8017047	—	0.06	—	0.1
43	小型机具使用费	元	8099001	8.6	14.3	12.1	24.6
44	基价	元	9999001	14795	8570	20704	14023

6. 附录

指标附录中包括设备购置费参考值、新增材料名称及基价、新增机械台班费用定额三部分。

7. 小注

有的指标表左下方还有附注，它是针对某一项定额的补充说明或规定。

二、估算指标的应用

估算指标的应用方法与概算(预算)定额的查用方法和注意事项基本相同，使用指标时应先全面、仔细地阅读总说明，章说明及指标表下方的小注，适当记忆，逐条理解和掌握其各项规定。除指标说明与附注中规定可调整的情况外，编制投资估算时应直接套用指标消耗量，不得随意抽换指标内容，以免造成重算或漏算。

对指标中缺少的项目可以编制补充指标。补充指标应按估算指标编制原则、方法进行编制，由各省、自治区、直辖市交通运输主管部门批准执行，抄送交通运输部公路局备案。

绿化工程指标由各省、自治区、直辖市交通运输主管部门组织制定并发布。

可视具体情况对特殊工程、特殊工艺的估算指标制定专项标准或补充规定。

当可行性研究报告的工作深度达到初步设计的深度时，可采用现行《公路工程概算定额》编制可行性研究报告投资估算。

三、估算指标应用示例

【例6-1】 某二级公路地处平原微丘区，路基宽12m，有管径为1.0m的单孔圆管涵3道，双孔圆管涵2道，试用估算指标确定修建涵洞所需水泥用量。

解 查估算指标表4-2"钢筋混凝土圆管涵"可知：

洞身每10延米32.5级水泥6.096t；洞口每道需32.5级水泥3.398t。

由估算指标第四章涵洞工程章说明知：

第1条"涵身按涵洞长度计算，洞口工程量按道计算，一道涵洞按两座洞口计算，如涵洞只有一座洞口，按0.5道计算"；

第5条"若有双孔涵洞时,可按单孔指标乘以双孔系数",钢筋混凝土圆管涵的双孔系数查表可知为:1.8。因此本项目所需32.5级水泥总量为:

$$6.096 \times 1.2 \times (3 + 2 \times 1.8) + 3.398 \times (3 + 2 \times 1.8) = 70.71(t)$$

【例6-2】 某平原微丘区互通式立体交叉工程,匝道宽9m,长3km,若人工工日单价为115元/工日,试确定该匝道工程的人工费。

解 查估算指标表5-1"互通式立体交叉"可知:平原微丘区每1km匝道,匝道宽度8.5m时人工消耗量为:7559.8工日。

由章说明第一条可知:如设计匝道宽度与指标注明宽度值不同,可按如下系数调整指标:

$$K = \frac{(W_1 - W_0) \times 0.8}{W_0} + 1$$

式中:K——指标调整系数;

W_1——设计匝道路基宽度(m);

W_0——匝道指标中所注明的匝道路基宽度(m)。

计算换算系数得:$K = \frac{(9 - 8.5) \times 0.8}{8.5} + 1 = 1.047$

该匝道工程人工费:$7559.8 \times 1.047 \times 3 \times 115 = 2730713$(元)

能力训练

一、思考题

1. 估算指标的作用是什么?
2. 估算指标的编制原则和编制依据是什么?
3. 估算指标编制工作通常经历哪些步骤?
4. 估算指标子目划分的允许误差一般如何控制?
5. 估算指标各项目工程量分析取定的方法有哪几种?
6. 估算指标的内容及其表现形式是什么?

二、计算题

1. 某公路水泥稳定碎石基层32000m²,压实厚度26cm,试用估算指标确定其工、料、机的消耗量。

2. 拟在某平原微丘区高速公路上设计互通式立体交叉工程一处,其跨线桥长100m,桥面宽18m,采用连续梁结构;匝道共2km,路基宽9m;设计线从原有道路上方跨过,被交道路为三级,路况较差,路线长1.5km,试用估算指标确定跨线桥、匝道和被交道工、料、机的消耗量。

项目七　机械台班费用定额的编制与运用

【概述】 本项目主要介绍了机械台班费用定额的概念、作用、编制方法,以及机械台班费用定额的组成与套用方法。

任务一　认识机械台班费用定额

 学习目标

(1)熟悉机械台班费用定额的定义和作用;
(2)了解机械台班费用定额的编制原则。

 任务描述

公路工程机械台班费用定额是编制工程概预算文件的配套定额,是计算机械使用费时的重要依据。本任务要求学生了解机械台班费用定额的定义和作用,了解机械台班费用定额在工程定额体系中的地位和编制原则。

 相关知识

一、机械台班费用定额及其作用

(一)机械台班费用定额

机械台班费用定额是以机械的一个台班为单位,规定其所消耗的工时、燃料及费用等数量标准,并可折算成货币形式表现的定额。它是预算定额和机械台班费用定额的配套定额,是编制公路基本建设工程概算、预算,进行经济核算和结算的依据。公路养护大、中修工程,也可参考使用。

定额中潜水设备每台班按6h工作计算,变压器和配电设备每昼夜按一个台班计算,其他各类机械的每台(艘)班均按8h工作计算。

(二)机械台班费用定额的作用

机械台班费用定额在公路基本建设中的主要作用是:
(1)机械台班费用定额是计算机械台班单价的依据;

(2)机械台班费用定额是计算机械台班消耗的人工、燃料等实物量的依据；

(3)机械台班费用定额是编制施工组织设计,进行经济比较的依据。

二、机械台班费用定额编制原则

(1)为了合理地确定和控制公路基本建设工程造价,提高投资效益,应依据目前国家有关技术经济政策,充分考虑公路基本建设工程的特点以及近几年来高等级公路和施工机械技术发展情况编制定额。

(2)应有利于促进公路基本建设工程施工机械化的发展,提高公路施工企业的管理水平和自我积累、自我发展能力。

(3)施工机械选型原则为:国产机械按国家已定型生产的,目前公路基本建设工程中常用施工机械的型号、规格取定;进口机械中凡与国产机械性能、规格相同的一律选用国产机械;其性能、规格与国产机械不同的,则从我国公路施工中应用较广泛、成熟的机型和规格中选择取定。

(4)应充分考虑公路施工机械管理部门的机械设备能力、机械完好率和利用率以及台班费的经营核算情况等。

(5)应注重调查研究,广泛收集各地公路施工企业和各部门有关施工机械的技术、经济基础数据资料。

三、机械的分类

(一)按机械的作业对象分类

机械按照作业对象可划分为13类,包括:土、石方工程机械,路面工程机械,混凝土及灰浆机械,水平运输机械,起重及垂直运输机械,打桩、钻孔机械,泵类机械,金属、木、石料加工机械,动力机械,工程船舶,工程检测仪器仪表,通风机,其他机械等。

(二)按机械的自重分类

机械按照机械自重可分为特大型、大型机械和中、小型机械两部分。

1. 特大型、大型机械

包括土石方工程机械,路面工程机械,水平运输机械,起重及垂直运输机械,打桩、钻孔机械,工程船舶和其他机械。

2. 中、小型机械

包括混凝土及灰浆机械,泵类机械,金属、木、石料加工机械,动力机械,垂直及水平运输机械(皮带运输机、轨道平车、卷扬机等)及其他。

任务二　机械台班费用定额的编制

(1)了解机械台班费用定额的编制步骤;

(2)了解机械台班费用定额的编制方法。

 任务描述

公路工程机械台班费用定额的编制主要由交通运输部定额站负责编制发布,因此本任务仅要求学生了解机械台班费用定额中各项费用的编制方法。

 相关知识

一、机械台班费用项目划分

机械台班费用由可变费用和不变费用两部分组成。

(一)不变费用

不变费用包括折旧费、检修费、维护费、安拆辅助费。

1.折旧费

指施工机械在规定的耐用总台班内,陆续收回其原值(含智能信息化管理设备费)的费用。

2.检修费

指施工机械在规定的耐用总台班内,按规定的检修间隔进行必要的检修,以恢复其正常功能所需的费用。

3.维护费

施工机械在规定的耐用总台班内,按规定的维护间隔进行各级维护和临时故障排除所需的费用。包括为保障机械正常运转所需替换设备与随机配备工具附具的摊销费用、机械运转及日常维护所需润滑与擦拭的材料费用及机械停滞期间的维护费用等。

4.安拆辅助费

指施工机械在现场进行安装与拆卸所需的人工、材料、机械和试运转费用以及机械辅助设施的折旧、搭设、拆除等费用。

编制机械台班单价时,除青海、新疆、西藏等边远地区外,应直接采用机械台班费用中确定的不变费用值。至于边远地区因吉祥街使用年限差异及维修工资、配件材料等价差较大而需调整不变费用时,可根据具体情况,由各省级交通运输主管部门制定系数并执行。

(二)可变费用

可变费用是指其费用随当地物价水平而变化的费用,包括人工费、动力燃料费、养路费及车船使用税。

1.人工费

指随机操作人员的工作日工资(包括基本工资、各类津贴、补贴、辅助工资、劳动保护费等)。

2.动力燃料费

指机械在运转施工作业中所耗用的电力、固体燃料(煤、木柴)、液体燃料(汽油、柴油、重油)和水等的费用。

3. 车船使用税

指施工机械按国家、省(自治区、直辖市)规定应缴纳的车船使用税。

机械台班费用定额给出了各种资源的耗量标准,即是数量指标。将这些数量指标乘以相应的单价,才能得到相应的费用。由于各地的物价水平不一样,在相同的定额消耗数量指标下,各地的费用数值是不同的。

编制机械台班单价时,随机操作人员数量及动力物资消耗量应以定额中的数值为准。人工单价、动力燃料单价按现行《公路工程基本建设项目概算预算编制办法》的规定计算,工程船舶和潜水设备的工日单价,按当地有关部门规定计算。车船使用税,如需缴纳时,应按各省(自治区、直辖市)及国务院有关部门规定的标准,按机械的年工作台班(表 7-1)计入台班费中。

机械的年工作台班　　　　　　　　　　表 7-1

机械项目	沥青洒布车、汽车式划线车	平板拖车组	液态沥青运输车、散装水泥运输车、混凝土搅拌运输车、混凝土输送泵车、自卸汽车、运油汽车、加油汽车、洒水汽车、拖拉机、汽车式起重机、轮胎式起重机、汽车式钻孔机、内燃拖轮、起重船	载货汽车、机动翻斗车	二程驳船、抛锚船、机动艇、泥浆船
年工作台班	150	160	200	220	230

二、费用计算方法及基本数据的取定

(一)折旧费

折旧费的计算公式为:

$$台班折旧费 = \frac{机械预算价格 \times (1 - 残值率)}{耐用总台班} \quad (7-1)$$

1. 机械预算价格

机械预算价格是指由机械出厂(或到岸完税)价格到从生产厂(销售单位交货地点或口岸)运至使用单位机械管理部门验收入库的全部费用组成。

国产机械的出厂(或销售)价格主要是按机械生产厂家询价、市场价格以及各地公路施工企业的实际购买价格,经分析后合理取定的。国产机械的运杂费等按现行国家相关规定计算。

进口机械的到岸价格按照公路施工企业实际购置或外贸部门调查到的到岸完税价格取定。进口机械预算价格中有关的国内一次性运杂费、关税、增值税、车辆购置附加费、外贸部门手续费、银行财务费、商品检验、检疫费等,按现行国家相关规定计算。

2. 残值率

残值率是指施工机械报废时,其回收残余价值占机械原值的比率,一般为 2% ~ 5%。其中,运输机械残值率为 2%,特大型机械残值率为 3%,中小型机械残值率为 4%,掘进机械残值率为 5%。

3. 耐用总台班

耐用总台班是指机械设备从开始投入使用至报废前所使用的总台班数。

$$耐用总台班 = 年工作台班 \times 折旧年限 \tag{7-2}$$

（1）各类施工机械的折旧年限：按财政部、中国人民建设银行〔1993〕财预字第 6 号通知颁布的《施工、房地产开发企业财务制度》中企业固定资产分类折旧年限表的规定取值。

（2）年工作台班：指机械在规定的使用期内，每年应作业的平均台班数。其数值根据国家的有关规定和公路施工企业的调查资料取定。年工作台班数据的取定，应考虑北方地区因气候寒冷、施工期短而进行两班作业的因素。

（二）检修费

检修费的计算公式为：

$$台班检修费 = \frac{一次检修费 \times 检修次数}{耐用总台班} \tag{7-3}$$

（1）一次检修费。

一次检修费用是指机械设备按规定的检修范围，检修工作内容所需更换零、配件，消耗材料、机械和工时，送修的运杂费等。

检修一次费用可依据有关技术经济定额中的有关数据，按定额编制期的配件、辅料及工时等市场价格计算。对于少量的、目前尚无检修一次费用资料的机械项目，按同类或相近机械的检修一次费用占机械预算价格的比例予以取定。

（2）检修次数。

$$检修次数 = 使用周期数 - 1 \tag{7-4}$$

式中，使用周期数是指机械在正常施工作业的条件下，在其寿命期内（耐用总台班）内，按规定的检修次数划分的工作周期。

$$使用周期数 = 耐用总台班 \div 检修间隔台班 \tag{7-5}$$

式中，检修间隔台班指机械从开始投入使用至第一次检修或自上次检修起至下次检修止的使用台班数。

（三）维护费

维护费的计算公式为：

$$台班维护费 = \frac{\Sigma(大修理期内各级保养一次费用 \times 保养次数) + 临时故障排除费用}{大修理间隔台班} +$$

$$\frac{[替换设备及工具附具费用 \times (1 - 残值率)] + 替换设备及工具附具维护费用}{替换设备及工具附具耐用台班} + \Sigma 例保辅料费 \tag{7-6}$$

替换设备及工具、附具包括轮胎、电缆、蓄电池、运转皮带、钢丝绳、胶皮管、履带、刀片、斗齿、锯片等消耗性设备和随机配备的全套工具和附具。

典型机械按照确定的经常修理范围、内容等采用上述测算办法计算；其余机械则采用典型机械测算的台班经常修理费与台班大修理费的比值（k 值）的办法推算。即

$$k = \frac{典型机械台班维护费测算值}{典型机械台班检修费测算值} \tag{7-7}$$

$$台班维护费 = 台班检修费 \times k \tag{7-8}$$

（四）安拆辅助费

安拆辅助费的计算公式为：

$$\text{台班安装拆卸及辅助设施费} = \frac{\text{机械一次安装拆卸费} \times \text{年平均安装拆卸次数}}{\text{年工作台班}} + \text{台班辅助设施摊销费} \tag{7-9}$$

机械一次安装拆卸费、年平均安装拆卸次数和台班辅助设施摊销费是根据各公路施工部门的资料经分析平衡后取定。

（五）人工消耗

人工消耗是指随机操作人员的数量,根据机械规格型号及有关资料确定。

（六）动力燃料消耗

动力燃料消耗是指机械在运转施工作业中所耗用的电力、固体燃料、液体燃料和水等。动力燃料消耗量按以下方法确定：

（1）施工现场实测数据和施工企业的统计资料。

（2）机械规格与有关技术经济定额中相同的机械项目按相应的燃料动力消耗量,结合公路的施工特点和机械燃料动力消耗的调查资料分析平衡后取定。

（3）对于无法取得上述资料的机械项目,其电力、燃料台班消耗量可按经验公式计算。

（七）车船使用税

按各省、自治区、直辖市及国务院有关部门的规定标准计算公式如下：

$$\text{台班车船使用税} = \frac{\text{车船使用税} \times \text{计算吨位}}{\text{年工作台班}} \tag{7-10}$$

$$\text{计算吨位} = \text{征费计量标准} \times \text{应征系数} \tag{7-11}$$

征费计量标准执行交通运输部、国家物价局(91)交工字789号通知公布的《公路汽车征费标准计量手册》的有关规定。应征系数执行各省、自治区、直辖市的有关规定。

任务三　机械台班费用定额组成及应用

学习目标

（1）熟悉机械台班费用定额的组成；
（2）掌握机械台班费用定额的使用方法。

任务描述

本任务要求学生熟悉公路工程机械台班费用定额的组成内容,掌握机械台班费用定额的使用方法,能够运用机械台班费用定额计算机械台班费用和人工、材料消耗量。

相关知识

一、机械台班费用定额内容

现行《公路工程机械台班费用定额》(JTG/T 3833—2018)(以下简称《机械台班费用定

额》)内容由颁发定额的公告、目录、说明、各种工程机械定额表组成。

各种工程机械按照机械作业对象不同分为13类,每一类又划分为若干子目,每一子目对应某一规格、型号的机械,共计972个子目。

机械台班费用定额表形式见表7-1。

定额表中的基价是不变费用和可变费用的合计值,其中可变费用中的人工费、动力燃料费是按表7-2预算价格计算出的。

定 额 预 算 价 格   表7-2

项目	工资(工日)	汽油(kg)	柴油(kg)	重油(kg)	煤(t)	电(kW·h)	水(m³)	木柴(kg)
预算价格(元)	106.28	8.29	7.44	3.59	561.95	0.85	2.72	0.71

二、定额使用说明

(1)机械从管理部门至工地或自某一工地至另一工地的运杂费,不包括在定额中。

(2)加油及油料过滤的损耗以及变电设备至机械之间的输电线路的电力损失,均已包括在定额中。

(3)定额中凡注明"××以内"者,均含××数本身。定额子目步距起点均由前项开始,如"30以内""60以内""80以内"等,其中"60以内"指"30以外至60以内","80以内"指"60以外至80以内"。

(4)定额按照公路工程中常用的施工机械的规格编制,规格与之相同或相似的,均应直接采用。定额中未包括的机械项目,各省级交通运输主管部门可以根据定额的编制原则和方法编制补充定额。

三、机械台班费用定额的应用

(一)计算机械台班单价

台班单价是编制概预算必不可少的依据,机械台班费用定额以一个台班为单位,规定了不变费用和可变费用中各种资源消耗量,据此结合当地相应物价,即可计算机械台班单价。

【例7-1】 试计算165kW稳定土拌和机7.8个台班的价格。(人工费采用115元/工日,柴油价格7.5元/kg)

解 由《机械台班费用定额》第18页查得165kW稳定土拌和机代号为8003004,不变费用小计为:602.66元(表7-3)。

可变费用:人工费2×115=230(元)

柴油费:103.72×7.5=777.90(元)

可变费用小计:230+777.90=1007.9(元)

台班单价=不变费用+可变费用=1610.56(元)

7.8个台班价格:1610.56×7.8=12562.37(元)

表 7-3

机械台班费用定额表形式

二、路面工程机械

序号	代号	机械名称		主机型号	不变费用 (元)				可变费用							定额基价 (元)
					折旧费	检修费	维护费	安拆辅助费	小计	人工 (工日)	汽油 (kg)	柴油 (kg)	重油 (kg)	煤 (t)	电 (kW·h)	水 (m³)	木柴 (kg)	其他费用 (元)	小计 (元)	
133	8003001	稳定土拌和机	功率 (kW)	88 以内	WBL-190	99.05	38.41	99.16	—	236.62	2	—	55.32	—	—	—	—	—	—	624.14	860.76
134	8003002			118 以内	WB210	168.93	65.50	169.11	—	403.54	2	—	74.17	—	—	—	—	—	—	764.38	1167.92
135	8003003			135 以内	WB210	248.95	95.53	246.64	—	591.12	2	—	84.86	—	—	—	—	—	—	843.92	1435.04
136	8003004			165 以内	WB220	253.80	97.40	251.46	—	602.66	2	—	103.72	—	—	—	—	—	—	984.24	1586.90
137	8003005			235 以内	WB230	295.84	113.53	293.10	—	702.47	2	—	147.72	—	—	—	—	—	—	1311.60	2014.07
138	8003006			260 以内	—	345.44	132.56	342.25	—	820.25	2	—	163.43	—	—	—	—	—	—	1428.48	2248.73
139	8003007			300 以内	—	382.29	146.70	378.76	—	907.75	2	—	188.58	—	—	—	—	—	—	1615.60	2523.35
140	8003008	稳定土厂拌设备	生产能力 (t/h)	50 以内	WBC-50	81.97	28.25	81.84	—	192.06	3	—	—	—	—	141.69	—	—	—	439.28	631.34
141	8003009			100 以内	WBC-100	126.72	43.68	126.52	—	296.92	3	—	—	—	—	209.70	—	—	—	497.09	794.01
142	8003010			200 以内	WBC-200	188.97	65.13	188.69	—	442.79	3	—	—	—	—	408.06	—	—	—	665.69	1108.48
143	8003011			300 以内	WBC-300	221.09	75.41	218.46	—	514.96	3	—	—	—	—	549.74	—	—	—	786.12	1301.08
144	8003012			400 以内	WBC-400	261.28	89.13	258.19	—	608.60	3	—	—	—	—	697.10	—	—	—	911.38	1519.98
145	8003013			500 以内	WBZ500	381.87	130.26	377.34	—	889.47	3	—	—	—	—	782.11	—	—	—	983.63	1873.10
146	8003014			650 以内	—	442.16	150.83	436.94	—	1029.93	3	—	—	—	—	1020.14	—	—	—	1185.96	2215.89
147	8003015	稳定土摊铺机	最大摊铺宽度 (m)	7.5	WTU75	477.33	162.82	326.03	—	966.18	2	—	55.07	—	—	—	—	—	—	622.28	1588.46
148	8003016			9.5	WTU95	718.52	245.09	490.77	—	1454.38	2	—	85.87	—	—	—	—	—	—	851.43	2305.81
149	8003017			12.5	WTU125	904.43	308.51	617.76	—	1830.70	2	—	136.27	—	—	—	—	—	—	1226.41	3057.11

(二)分析机械台班消耗的人工、燃料等实物量

编制概、预算时,需要统计施工机械所消耗的人工、燃料等各种资源的实物消耗数量。机械台班费用定额为此提供了计算依据。

【例7-2】 试确定钻孔直径为2000mm以内汽车式钻孔机工作12台班需要消耗的实物数量。

解 由《机械台班费用定额》第70页查得该汽车式钻孔机代号为8011040,每台班需要消耗的实物数量为:

人工:2 工日;柴油:16.97kg;电:89.05kW·h。

则钻孔机工作12台班所需消耗的实物数量为:

人工:2 × 12 = 24(工日)

柴油:16.97 × 12 = 155.64(kg)

电:89.05 × 12 = 1068.6(kW·h)

(三)定额抽换

编制工程项目概、预算时,当设计采用的机械类别与概、预定额表中规定的机械类别和型号不一致时,可根据机械台班费用定额中的定额基价值进行抽换。

能力训练

一、思考题

1. 什么是机械台班费用定额?它有哪些作用?
2. 机械台班费用定额包括哪些费用项目?
3. 机械大修理费的含义是什么?如何计算?
4. 机械台班费用定额中的动力燃料费消耗量是如何确定的?
5. 什么条件下才能编制补充台班费用定额?

二、计算题

1. 某16cn厚设计配合比为4:11:85的石灰粉煤灰稳定碎石基层,施工采用路拌法,稳定土拌和机拌和。试确定其预算定额,并根据各类机械台班费用定额计算调整后的定额基价。

2. 某水泥混凝土路面施工时,需滑模摊铺机工作1.85台班,3m³以内轮胎式装载机工作4.9台班,电动刻纹机工作24.5台班,混凝土切缝机工作19台班,试根据现行机械台班费用定额求其所需要的实物消耗量。

参 考 文 献

[1] 石勇民.公路工程定额管理与估价[M].2版.北京:人民交通出版社股份有限公司,2013.
[2] 余素平,宁金成.公路工程定额与造价[M].北京:科学出版社,2011.
[3] 宾雪峰.公路工程定额原理与估价[M].北京:人民交通出版社股份有限公司,2014.
[4] 中华人民共和国交通运输部.公路工程施工定额[S].北京:人民交通出版社,2009.
[5] 中华人民共和国行业标准.公路工程预算定额:JTG/T 3832—2018[S].北京:人民交通出版社股份有限公司,2018.
[6] 中华人民共和国行业标准.公路工程概算定额:JTG/T 3831—2018[S].北京:人民交通出版社股份有限公司,2018.
[7] 中华人民共和国行业标准.公路工程估算指标:JTG/T 3821—2018[S].北京:人民交通出版社股份有限公司,2018.
[8] 中华人民共和国行业标准.公路工程机械台班费用定额:JTG/T 3833—2018[S].北京:人民交通出版社股份有限公司,2018.